羊城学术文库

广州市社会科学界联合会资助出版项目

黄素娟

麦思杰

徐靖捷 著

小洲故事
从岭南水乡到艺术村落

The story of Xiaozhou:
From Water Town to Artist Village

社会科学文献出版社

SOCIAL SCIENCES ACADEMIC PRESS (CHINA)

羊城学术文库
总　序

学术文化作为文化的一个门类，是其他文化的核心、灵魂和根基。纵观国际上的知名城市，大多离不开发达的学术文化的支撑——高等院校众多、科研机构林立、学术成果丰厚、学术人才济济，有的还产生了特有的学术派别，对所在城市乃至世界的发展都产生了重要的影响。学术文化的主要价值在于其社会价值、人文价值和精神价值，学术文化对于推动社会进步、提高人的素质、提升社会文明水平具有重要的意义和影响。但是，学术文化难以产生直接的经济效益，因此，发展学术文化主要靠政府的资助和社会的支持。

广州作为岭南文化的中心地，因其得天独厚的地理环境和人文环境，其文化博采众家之长，汲中原之精粹，纳四海之新风，内涵丰富，特色鲜明，独树一帜，在中华文化之林中占有重要的地位。改革开放以来，广州成为我国改革开放的试验区和前沿地，岭南文化也以一种崭新的姿态出现在世人面前，新思想、新观念、新理论层出不穷。我国改革开放的许多理论和经验就出自岭南，特别是广州。

在广州建设国家中心城市、培育世界文化名城的新的历史进程中，在"文化论输赢"的城市未来发展竞争中，需要学术文化发挥应有的重要作用。为推动广州的文化特别是学术文化的繁荣发展，广州市社会科学界联合会组织出版了"羊城学术文库"。

"羊城学术文库"是资助广州地区社会科学工作者的理论性学术著作出版的一个系列出版项目，每年都将通过作者申报和专家评审程序出版若干部优秀学术著作。"羊城学术文库"的著作涵盖整个人文社会科学，将按内容分为经济与管理类，文史哲类，政治、法律、社会、教育及其他等三个系列，要求进入文库的学术著作具有较高的学术品位，以期通过我们持之以恒的组织出版，将"羊城学术文库"打造成既在学界有一定影响力的学术品牌，推动广州地区学术文化的繁荣发展，也能为广州增强文化软实力、培育世界文化名城发挥社会科学界的积极作用。

广州市社会科学界联合会

2016 年 6 月 13 日

序　言
阅读"小洲"

一　小洲：广州的文化风景

2014 年 5 月 28 日，端午节前夕，广州本地生活网站——"广州本地宝"围绕着端午节习俗，推出了《小洲村 2014 年端午节看龙舟赛全攻略》专题报道。编者在旅游攻略中强烈推荐广州市民在端午节当日到海珠区小洲等村落观赏极具岭南水乡特色的扒龙船。在他的眼中，端午节扒龙船是传统岭南文化的重要组成部分。作为岭南古村落的代表，小洲又无疑是岭南文化的重要载体。

> 仓头、小洲及土华三村靠近珠江口，江面非常宽阔，超过百米，六七十艘龙船集会有气势。仓头、小洲是保存不错的岭南水乡，风景秀丽，很适宜一家大小看龙舟。①

---

① 《小洲村 2014 年端午节看龙舟赛全攻略》，广州本地宝 App，http://gz.bendibao.com/tour/2014528/ly160705.shtml，浏览日期：2014 年 11 月 29 日。

编者以上表述，在不经意间向广州市民传递了这样一个信息：在端午时节到小洲村观赏扒龙舟，不仅可以领略到传统的岭南文化，更是享受高品味生活。

2014年媒体开始对小洲扒龙船进行报道。端午节当天及翌日，许多媒体更是不吝篇幅对其深入报道。各大媒体不断"帮助"读者与观众找寻与解读小洲扒龙船活动的各种细节。如广州本地的《信息时报》在5月31日的A2版，以《小洲村：龙舟"探亲"，村民"趁景"》为题，详细报道了小洲扒龙船的盛况：

图 0-1 《小洲村：龙舟"探亲"，村民"趁景"》新闻配图

广州本土龙舟活动主要分为"趁景"与"夺标"两种形式。昨天小洲村内上演的是"趁景"，即各村龙舟巡游，探亲访友，为表演性质。早上9时许，小洲桥、小洲登瀛古码头便站满了人，有经验的老街坊更是搬来凳子、椅子坐在岸边欣赏"探亲趁景"。小洲村村民简叔告诉记者，每年小洲村扒龙舟，村民都很兴奋，"虽然龙舟基本上一样，但龙舟代表着各条村

子团结、拼搏的精神，所以百看不厌"。①

记者在文中对扒龙船各种细节进行了详尽的介绍，并点出了这一仪式的文化功能为"探亲趁景"。在 2014 年端午节的晚上，广东电视台更是在黄金新闻栏目《今日关注》中详细报道了小洲扒龙船的盛况。次日，这一报道又被中央电视台的新闻栏目选中。中央电视台将小洲扒龙船作为典型的广东民俗介绍给全国的电视观众。

小洲的扒龙船习俗，在经过各级媒体的相继报道之后，其所蕴含着的丰富历史文化内涵得以充分展现，影响力已远远超出了广州本地的范围。2014 年小洲的扒龙船仪式已成为广州市重要的文化景观。如果仔细观察这一文化景观，我们不难发现，其实际上由"村民"与"外人"两个不同维度的场景组成。两个由不同人群组成的场景有着不同的社会指向，包含着不同的文化意义。对于生于斯、长于斯的小洲村民而言，扒龙船是他们每年都要举行的乡村民俗活动；对于广州本地的媒体、文人、市民而言，小洲则是岭南传统文化的代名词，是他们守护岭南传统文化的重要阵地。这是两个彼此独立但又相互联系的故事。前一个故事的主角是小洲本地村民，后一个故事的演绎者则是热爱岭南传统文化的本地知识精英、媒体及普通市民。村民的故事，所表达的是其如何通过文化手段构建自身的生活；后一个故事，则是这些所谓的"外人"如何将小洲的故事放在广州社会的舞台上重新叙述。

———————

① 张建林：《小洲村龙舟"探亲"村民"趁景"》，http：//informationtimes.dayoo.com/html/2014-05/31/content_2646953.htm，浏览日期：2014 年 12 月 1 日。

这是一幅今天广州人再熟悉不过的文化图景，小洲故事的多元性也正如《羊城晚报》摄影记者叶健强所说的：

> 小洲的历史韵味，是一种很奇妙的"mix and match"，元明清、民国、"文革"、改革开放……各个时代的印记，在这里都有，讨厌它的人，会觉得像"一锅炖"，失了纯粹的味道；我却很喜欢，它让人想起岭南的春节"盆菜"，如一个取之不尽的"聚宝盆"，越挖越有惊喜。①

但小洲"Mix and Match"的特性，除了叶健强所说的社区内部文化的多元性，还包括了叙述者的多元。这些不同历史时期的文化符号与历史记忆，被压缩并被投射于今天的小洲村。明清以来，小洲村经历了从水乡社会到宗族社会的转变。在这数百年的沧海桑田中，国家政权的更迭、社会经济结构的转型、文化观念的嬗变，都在小洲村留下了深刻的印记。

因此，本书尝试回答的是，小洲"Mix and Match"的文化风景是在一个怎样的历史过程中被构建出来的？在构建的过程中，有哪些不同的人群参与其中？这些不同的人群是出于何种的动机？其又如何改变了小洲的文化？

对上述问题的关注，实际上聚焦于构建一个怎样的小洲故事。一个有意义的小洲故事，必须回到具体的历史场景中，理解到不同人群的文化情感，找到他们面对生活的智慧。笔者认为，如果仅仅

---

① 《文化混搭的千年岭南水乡　畅游文艺小洲村》，《羊城晚报》2014年11月6日。

审视小洲的历史发展过程，从中总结出若干个岭南文化的特点，并不能真正凸显出小洲的历史文化价值与内涵。要深刻理解小洲历史文化的价值与内涵，就必须从具体的人与事出发，在历史的脉络里理解他们的具体行动。正如法国历史学家布洛赫所说，"理解，永远是历史研究的指路明灯"！离开了有血有肉的民众，没有"理解之同情"的态度，小洲的故事必然会变得枯燥无味。对小洲的研究与分析也必然是隔靴搔痒。本书旨在以"理解之同情"的态度讲述一个脉络化的小洲故事。

此外，一本以特定村落为研究对象的著作，如果仅局限于以一村谈一村，其学术、文化价值无疑非常有限。微观的村落研究若要具备反思性与对话性，引起读者的共鸣，就需要将其置于长时段的历史脉络与宏大的区域背景下叙述，由此才能深刻挖掘其独特的历史价值内涵。笔者认为，对小洲的理解，可以从以下三个层面展开。

（一）理解小洲

自明清以来，珠江三角洲经历了巨大的社会变迁。政权的更迭、社会结构的转型，产生了不同的时代主题。我们希望借此书回答，小洲人在面对不同的时代主题时，如何通过运用不同的文化策略经营生活。这些文化策略如何体现着小洲人的生活智慧。

（二）理解广州

20 世纪 90 年代以后，小洲村受到了广州文化精英、媒体及普通市民的关注，俨然成为广州一道独特的文化风景。小洲故事的另一面，就是广州文化和居民心态的演变。这一文化和居民心态演变的背后，所折射的是广州在都市化与工业化的过程中所出现的社会问题。在小洲故事里，我们又能读出另外一个广州人的故事。

（三）阐释传统文化

在上述两层意义的基础上，我们需要进一步追问，我们该用一种怎样的态度去对待传统文化？诚然，我们现在生活在一个急速变迁、传统与现代断裂的年代。如何从传统文化之中汲取生活的智慧，是我们每个人都需要面对的问题。我们不希望对乡土传统文化的保护，是在发展旅游的简单思维下进行。无数的事实已经证明，这些做法实际上是有悖于传统文化。我们所希望的是，让读者尝试从具体的人与事出发，理解"传统文化"并懂得在面对"传统文化"时，心存珍视之念！

二　如何阅读"小洲"文化？

本书是一本以小洲村为研究对象的历史人类学作品。历史人类学是新近学术界较具有影响力的研究方法，其强调在跨学科的理念下，打破书斋与田野的界限，在具体的时间与空间中，自下而上地理解社会变迁的历时性过程。在进入主题之前，我们有必要明晰一些基本的概念。

（一）什么是文化？

关于文化的概念，学术界的定义可谓五花八门。但作为一本历史人类学的著作，人类学学科关于文化的定义对本书无疑有着至关重要的影响。在人类学的学术史上，功能主义对"文化"的定义影响尤深。功能主义学者认为,文化在社会生活中具有某种特定的社会功能。文化包含一系列的符号与特定的仪式,为特定的人群所操控与分享。文化的存在,首先要具备功能上的意义,它必须满足特定人群某种需要。持相对主义观点的学者又认为,文化属于主观的范畴,是某一人群对外部世界的认知及对自我的阐释方式,其中包括了自我身份认同、祖先记忆等内容。从另一个角度理解,文化又属于相对客观的范畴。对同一事物,不同的人群往往有不同的认知与表述方式,这些差异性构成了文化的相对性,也即客观性。因此,本书对文化的定义,既有外部结构—功能上的意义,亦包含了主观层面的历史记忆与自我阐释。

(二)什么是小洲文化?

根据前文对文化的定义,小洲文化无疑包含了客观与主观两个层面。在客观层面上,小洲文化是指村内的祠堂、庙宇(包括与其关联的仪式)、建筑等不同的符号。这些符号与仪式(功能)在不同层面上满足维系村落整体结构的需要。在主观层面,小洲文化则指各色人群如何记忆、理解与阐释小洲的文化符号与仪式(功能)。在不同的历史时期,不同人群基于不同生活体验与不同的时代问题对小洲文化有着不尽相同的认知与表述。这些人群,既包括世代居于小洲的村民,也包括与小洲有着密切关系的各色人群。在此基础上,不同的认知与不同的记忆在什么样的背景下,因何问题而交集到一起,则是小洲文化研究的关键所在。

在研究与写作的过程中,笔者对以下一些关系尤为留心。

1. 人地关系

土地是农业社会最重要的资源,是村民赖以为生的物质基础。

一本能揭示村落深层运作机制且具有脉络感的历史研究著作，必须注意到村落的物质生活形态及其演变过程。乡村社会的权力形态，在很大程度上表现为土地的占有方式。从弗里德曼的研究开始，无数的学者均注意到广东（尤其是珠江三角洲）的宗族组织有控制田产的功能。因此，我们只有在深刻把握小洲村人地关系的基础上，才能整体地呈现村落的历史演进过程。明清时期是珠江三角洲社会转型的关键时期，宗族社会被创造出来并成为这一地区的最主要社会形态。这一转变的关键原因，在于国家赋税制度发生了重大变革。明清时期，王朝国家的赋税制度发生了根本性的转变，课税的对象由"丁户"变成了"土地"。赋税制度的变革，是宗族社会创建的根本因素。1949 年中华人民共和国成立，新国家形态的出现，使小洲的乡村生活被深深地嵌入国家的政治生活当中，人民公社制度成为支配小洲村政治生活的重要制度。以往许多学者在讨论新中国的社会演变时，多习惯于割裂分析，忽略了所谓"传统"与"现代"之间的关系。本书尝试讨论的是，公社化时期的土地制度，对今天小洲人的生活影响尤深。但这一制度并不是新中国的产物，而是明清以来宗族社会的延续。

2. 时间与空间的关系

时间与空间是社会研究中极为重要的两个因素。对村落空间格局的研究，意味着对包括居民、建筑、宗教信仰在内的各种文化元素分布与排列方式的分析。空间格局的背后，隐喻的是权力的秩序。这一格局又形成于历史演进过程之中。因此，时间、空间两个维度的因素，是我们理解小洲人构建自身生活的两个重要基石。

此外，时间与空间又不仅是客观事物，更属于心理感知的范畴。时间与空间观念，是特定人群感知外部世界与自我表述的重要基础。生活在不同传统文化下的人群，必然有其特定的时间与空间观念。如果我们用一个所谓"客观标准"的历史观与空间观去解读小洲村民，必然会遗漏与误读小洲文化。世代生活于小洲的民众，在表述自身的历史观念时，往往会通过开村的故事、宗族的支系来确定自身的位置。小洲人自身的时间与空间观念，是其自我记忆与阐释的重要路径。

3. 事件与结构的统一

事件与结构，是社会过程的两个侧面。人的行动体现为事件的过程，事件的发生必然会在不同程度上改变社会的结构；反之，发生改变的社会结构，又会影响下一桩事件的性质。事件与结构，在社会演进过程中一直处于永恒对话的状态。因此，本书对小洲历史文化的梳理，是从今天我们所面对的社会结构出发，进而探寻那些历史事件的发生与累积效应，塑造出今天的社会结构。

4. 国家与社会

在乡村研究中，国家是不能回避的话题。事实上，我们只有细致观察普通民众在不同历史时期、不同国家制度下社会生活的演变，才能深入了解小洲村构建的历时性过程。但对于普通民众而言，国家并非仅仅意味着外部强制性的权力。国家既包括物质性的权力，亦囊括一套有着丰富文化意涵的话语系统。民众对于国家的权力，从来就不是被动性地接受，更多会创造性地利用国家话语系统构建自身的社会生活。从这一角度说，我们更需要关注的是，不同时期的国家，对于小洲村民而言，意味着什么？我们不仅需要问不同时期的国家政权在小洲留下怎样的文化印记，而且更需要学会洞察这些文化印记的背后，小洲村民社会生活的组织方式的演变过程。

　　小洲故事的精彩，并不在于当下许多文人墨客口中所说的，如何完好地展现岭南传统文化的几个特点。我们不能离开具体的时空，把小洲村想象成传统文化的伊甸园。事实上，小洲故事的魅力就在于其传统文化的多层次性。在这数百年里，不同的人在小洲共同演绎了一支精彩的田园交响曲。小小的小洲村，折射出了中国尤其是珠江三角洲地区在明清以来的许多重大社会问题。透过解读小洲，我们应该从中懂得珠江三角洲地区老百姓的文化心智与文化情感。在面对不同的历史问题时，老百姓又如何运用传统文化去创造生活。

　　因此，我们只有回到社会演进的过程、回到具体的人上，才能真正理解传统文化作为生活手段的功能与意义。也只有从这些角度去解读小洲，我们才能真正感受到小洲历史文化的独特魅力！

目录

CONTENTS

第一章

小洲概况

  小洲，又名瀛洲，地处广州市海珠区东南隅，西北与土华村相接，东边与大学城隔江相望，属海珠区人民政府华洲街道办管辖。小洲在地理上属珠江三角洲平原，面积约 400 公顷，其中 270 公顷为果园。小洲果园是"广州南肺"——万亩果园的重要组成部分。小洲为江水、河涌所环绕，村内河涌长达 10 公里，是极具代表性的岭南水乡。四通八达的河流网络孕育了小洲独特的水乡文化。小洲村内的宗族文化与民间信仰极为发达，现今仍保存着大量清代的庙宇、祠堂。

  丰富的传统元素不仅体现着小洲悠久的历史文化，亦是其当下发展的重要文化资源。20 世纪 80 年代以后，小洲淳朴的乡情与保存良好的传统文化，吸引了大批艺术家驻村进行艺术创作。因此，小洲又获得了"艺术家伊甸园"的美称。传统乡土文化与当代艺术创作的完美结合，使小洲成为当下广州最为亮丽的文化风景之一。2000 年 12 月，小洲入选广州市第一批历史文化保护区，成为著名的历史文化名村。

  本章拟从地理环境、行政建制、宗教文化、居民状况等方面对小洲做系统的介绍，以使读者对该村有一大致的了解。

一　地理环境

（一）江海、河涌

作为岭南水乡，小洲的文化孕育于水、产生于水，故解读小洲，需由水而始。小洲位于海珠区。海珠区为珠江南边的岛屿，与广州城隔江相对，面积约90.40平方公里。海珠区在古代为城厢之地，旧称"河南"。清代著名学者屈大均在其所著的《广东新语》中，如是描述"河南"：

> 广州南岸有大洲，周回五六十里，江水四环，名河南。①

"河南"在民国以前属番禺县管辖。时番禺有上、下之分，小洲属下番禺。河南岛的水路有前、后两大航道，"前航道（又称东河道）位于辖区北面，从白鹅潭往东至黄埔；后航道（又称南河道），位于辖区南面，包括南河水道、沥滘水道、官洲水道等3条水道，由白鹅潭经洛溪大桥、官洲沙至黄埔（大濠洲）处与前航道会合，然后折向东南与东江干流相汇，再注入狮子洋出海"。②河南岛内河涌密布，有海珠涌、黄埔涌、赤沙—石溪涌三大水系。小洲位于后航道的赤沙—石溪涌水系。

需要指出的是，在清代，因没有现代地理知识，时人对水路的

---

① 屈大均：《广东新语》卷二，中华书局，1997，第42页。
② 海珠区地方志编纂委员会：《海珠区志》第二章，广东人民出版社，2000，第67页。

划分方式与现代不尽相同。清人将小洲一带的水系称为小洲水，其文曰：

> ……又有小洲水，自沥滘北分东北流经小洲西，屈东经土华北，自西来合之。既合，又东北流，中有官洲分其水，又东北合官洲西水……①

直至民国时期，根据广东省立勷勤大学在河南岛所做的调查，河南岛南部村民的出行多以舟楫为交通工具。据记载：

> 自龙潭、上涌、瑞宝各村以南，均用小船交通，河道所到之处，均可自由行驶。普通载客之船，多有竹蓬以遮蔽雨水和日光，每船约可容十人或十余人。载货之船，容量相同，但无竹蓬，如在果品或谷米收获的时候，则另用较大的船只，以便运载。②

阡陌纵横的河流网络，孕育了小洲独特的水乡文化。村民傍水而居，又或以舟楫为生。河流不仅是小洲村民赖以为生的自然环境，更是其创造传统文化的舞台。小洲村民世代游走于河涌与江海之间，或出洋捕鱼，或贸易营利，或龙船探亲访友。在 20 世纪 90 年代公路修通之前，舟楫是村民出行贸易的唯一工具。如村民外出趁墟赶集，必须乘摆渡船才能抵达对岸的官山墟（位于大学城内，

---

① 宣统《番禺县志》卷二，"舆地二"，第 29 页。
② 梁溥：《广州河南岛的聚落地理》，《勷勤大学季刊》1935 年第 1 卷第 1 期，第 188 页。

今废）。又如在公社化时期之前，小洲的糖寮业（糖寮即土法制糖的作坊）极为发达，是珠江三角洲的主要产糖区之一。小洲出产的蔗糖主要通过后航道销往东圃、沥滘等地。

水路网络是小洲人外出活动的决定性因素。在新式交通工具出现之前，小洲隶属于以新造为中心的市场体系。小洲与省城的关联性要远低于与番禺新造、市桥等地。进入 20 世纪以后，随着小洲被划入广州市的范围及公路的出现，小洲人的活动才逐步转变为以广州市为中心。

因水路交通对村民的日常生活极为重要，水文知识于每一个小洲人而言都是必不可少的。时至今日，老一辈的小洲人仍清晰记得年轻时如何由水道抵达棠下、黄埔，如何借潮水的涨退节约行船时间。如在民国时期，小洲人如要"行船"到香港，就必须先将人力船划至黄埔，等待顺潮时再出发。潮流一般五小时一变。直至 20 世纪 90 年代，第一批艺术家到小洲村时，仍然是先坐车到石榴岗，然后再乘船抵达小洲。

小洲最大的码头为"登瀛古渡"，位于村落的东北角，是水运时期小洲交通贸易的门户之地。码头现仍保存着刻有"登瀛"字样的花岗石匾。直至公社化时期，登瀛古渡仍承担着重要的社会与经济功能。"新滘公社小洲大队"的牌坊仍立于码头之上，即是重要的证明。除登瀛古渡外，小洲村内的不同河段还有若干埠头。这些规模相对较小的埠头，既是村民浣洗之地，又是泊船之所。不同的码头属于简氏宗族的不同房支。从这一现象我们不难发现，实现对水的控制，是小洲宗族组织的重要社会功能之一。

江水、河涌不仅是村民赖以出行的交通网络，同时也是划分村

图 1-1　小洲村瀛洲码头

资料来源：照片由华洲街道办提供。

落界线的重要方式。小洲村与其他村落交界的地方称为"水口"。小洲共有三个水口，"第一道水口是村西北角的西江涌分两汊口流入石岗滘和细涌的地方，昔日有文武庙镇守，今已毁；第二道水口是由泗海公祠及其广场埠头，天后宫和娘妈桥及其广场组成的建筑群封住水口；第三道由三帝庙、简佛祖祠及青云桥组成，成为锁住细涌流出珠江的第三道水口"。[①] 在传统时期，小洲村民视水口为村落兴衰的关键，故需设置风水关锁，镇锁水口。可见，河涌、水口是小洲村民的风水观念与空间想象的重要载体，是村民自我阐释的途径之一。

在上述的描述中可以看到，对于小洲村民而言，河涌不仅仅是交通贸易的网络，更重要的是产生社会组织的重要场域。在此基础

① 《瀛洲》画册编辑组：《瀛洲》，2006（未刊稿）。

上，村民通过各种文化手段表达对水路的支配权。同时，围绕着水路所产生的各种文化元素，又是小洲人自我阐释的方式之一。

需要指出的是，20世纪90年代以后，小洲传统的水乡文化随着新式交通工具的出现而日渐式微。村民脑海中以水为路的空间观念正日渐褪去。与此同时，公路与地铁正慢慢成为新一代小洲人空间想象的载体。

（二）土地、果园

河南岛属平原地质，但南部与北部有所差异。北部为红色岩系准平原，南部为冲积平原，故南部的土地较北部肥沃。肥沃的土地造就传统时期小洲发达的果园经济。但由于史料的散佚，我们不能准确知道小洲一带土地冲积成陆的时间。因地属冲积平原，上游每年会为小洲一带的河涌带来大量的淤泥。村民每年需定期清理淤泥，并将其敷到果树之上，既可以疏理航道，又可以培肥果基。

因自然条件优越，小洲一直以盛产龙眼、荔枝、甜黄皮、橙、杨桃等热带、亚热带水果闻名，属典型的"果基河涌"型岭南水乡。在清代、民国时期，小洲的水果主要销往香港、省城等地，水果种植是村民重要的经济收入来源。村民的生活亦因此而较他乡宽裕，小洲故有"小金山"之称。即使在20世纪60~70年代的困难时期，小洲村民仍靠水果种植而拥有相对不错的经济收入。

小洲村果园多为集体所有，但在不同时期，集体所有的形式不尽相同。在民国以前，果园主要由宗族控制与管理。新中国成立以后，在公社化时期以生产队的名义集体所有，20世纪80年代以后则改为由经济合作社管理。

2000年以后，小洲果园因为环境问题而大幅减产。与此同时，小洲果园的征地问题因广州的都市化进程而受到广大市民的关注，成为广州公共生活的重要议题。

二　行政建制

小洲有史为记，始于清代，其行政建制亦由清而始。小洲村在清代属番禺县管辖。番禺县在清代的行政构架为"县—司—乡都—堡—图—甲—村"的格局。清代番禺县下辖沙湾、茭塘、鹿步、慕德里等四个巡检司。小洲属茭塘巡检司管辖。时茭塘巡检司共辖一都二十三堡。小洲属仑头堡管辖。光绪年间，清政府在番禺改堡为社。茭塘司改辖彬社、南洲社及一些散乡。小洲隶属彬社。

1921 年广州建市，河南岛北部已设警察区域，被划入广州市范围。1930 年广州市区进一步扩大，河南岛南部被纳入广州市范围。原属番禺县管辖的公和乡、敦和乡、沥滘乡、彬社乡被并入广州市。随后，广州市政府改乡为区，小洲仍属彬社区管辖。小洲南的河边，现仍立有民国十九年（1930 年）的市界碑，上有"以对河中心线为界"的字样。1937 年行政建制的变革，标志着小洲开始被纳入城市管理体制之中。1938 年，广州沦陷，日军在广州成立伪国民政府。小洲所在的彬社区被划入番禺县管辖，隶属番禺县第二区。抗战结束后，小洲重新被划入广州市，仍属彬社区。

1949 年新中国成立后，彬社区改为新洲区。1951 年，新洲区与沥滘区合并，成立新滘区，直接隶属广州市人民政府管辖。在20 世纪 50 年代初期，河南岛分属两大区管辖，北边为河南区，南边为新滘区。1960 年，新滘区改为新滘人民公社，归属海珠人民公社管辖。1961 年，新滘人民公社划归芳村区管辖。1962 年，改

图1-2　民国时期广州市界碑

资料来源：界碑立于小洲村河畔，照片由华洲街道办提供。

划为广州市郊区管辖。1984年，撤销新滘人民公社，改为广州市郊区派出机构——新滘区公所。1987年，新滘区公所改为新滘镇。① 在新中国成立至新滘建镇时期，小洲在行政管理体制上属于郊区。这意味着小洲处于亦城亦乡但又非城非乡的行政地位。

2002年，新滘镇撤销，原有辖区改由街道办管理。小洲亦随之撤村改居，设立小洲居民委员会，划归新成立的华洲街道办事处管辖。小洲由此真正被纳入城市的行政体制框架。

从清代至中华人民共和国成立，小洲行政建制的变化，大体表现为两个趋势：其一，现代国家的管理体制逐步在小洲建立；其二，小洲逐步被纳入城市管理的体制。

---

① 《新滘》编写组编《新滘》，暨南大学出版社，2002，第6~7页。

三　村落空间形态

小洲村为聚集型村落，居民聚居于中部，向周边呈离散形分布，耕地、果园分布在周边。村落依水而建，为细涌、西江两条河涌所环绕。小洲西边为西江村，西江村原为独立的自然村，20世纪中期后并入小洲。

在清末民国初年，因番禺一带盗匪为患，小洲村建筑的空间结构有着明显的军事防御特征。在瀛洲码头的涌边，至今仍存留着清末民国时期的村墙。村墙始建于清代，主要功能为防御盗匪偷袭村落。村墙上开凿有大量的枪眼，小洲乡民可从墙内对河涌进行射击，防止盗匪从瀛洲码头登上小洲。小洲军事化的空间格局，体现了清末至民国时期珠江三角洲乡村社会的盗匪状况。

除军事防御外，小洲村的空间格局还体现着珠江三角洲地区高度发达的商业水平。小洲现今仍保存有大量清末民国时期的商铺。这些商铺主要分布于东约、东庆大街、东道大街及北约登瀛大街。民国以前，小洲村内较大的店铺有茂生当、和昌、泗和、同泰等店。这些店铺既包括水果、米粮、日杂等行业，亦有鸦片烟馆、赌场、当铺等"偏门"生意。传统的小洲店铺为砖木结构建筑，前铺后屋。

公社化时期以后，东约仍是小洲的物资交易的地点。但交易的性质发生了重大改变，商业被纳入国家统一管理的供销网络。传统意义上的商贩消失，被供销社取而代之。20世纪50~80年代，泗海公祠被改作农业生产资料店，瀛山简公祠改作粮店。

20世纪90年代以后，随着交通方式的转变，小洲的商业区域逐渐转移到瀛洲路边，即现在的瀛洲市场。

图 1-3 小洲村瀛山简公祠

资料来源：照片由华洲街道办提供。

图 1-4 小洲村泗海简公祠

资料来源：照片由华洲街道办提供。

除商业因素外，宗教祭祀的分布是我们理解传统乡村空间结构的另一重要途径。宗教祭祀地点的分布体现着村落公共空间构建与迁移的过程。小洲的宗教祭祀地点的空间分布如下：庙宇主要分布于北约，简氏各房支的祠堂分布于东约、南约、中西约。清代至民国时期，小洲的空间发展方向，是以北约为始点，向南、向西发展。祭祀系统的空间分布，隐喻明清小洲社会的变迁过程是由神明崇拜向祖先崇拜发展。

小洲全村分为东、西、南、北、中五约。约是小洲最重要的地缘组织，在约之下为社。社有两重概念，在明清时期，"社"指每个街道的"社公"（即社稷之神）；而改革开放以后的"社"则是由生产队演变而来的经济合作社。本文所讨论的社，多指后者。小洲全村共有十六个社。其中第一、十六社为北约，第二、三社属于东约，第四、五、六、七、八、九社属于南约，第十、十一社属于中约，第十二、十三、十四社属于西约。此外，第十五社为公社化时期从各社抽人组成。中约与西约联系较为紧密，统称"中西约"。

四　宗族及居民状况

小洲居民以简为大姓，杂以他姓。简姓村民主要分布于五约内，杂姓则居住于原来的西江村内，有霍、李二姓。杂姓者多为水上后裔。

小洲简氏宗族有东源公与西溪公两大派系。根据《粤东简氏大同谱》记载，东源公儵，于明初由番禺河南新村迁入。西溪公谅，于明成化年间迁入。两派均为克成祖之后。东源公为克成祖季子，西溪公为克成祖长子鲲之子。《粤东简氏大同谱》关于小洲简姓宗族的族源有以下记载：

> 始迁祖儵：字参鱼，号东源，配梁氏，庶招氏。明初由番禺县河南新村迁本县小洲村……远祖际遇昆孙也。际遇，字壮猷，配莫氏。宋咸淳间由南雄珠玑巷迁广州城大东门。际遇生五子，第五名琼，字廷献，配李氏。生朴，字秉言，配何氏。生元凤，字鸣岗，奉政大夫，配刘氏，赠宜人。元凤由大东门迁新村。元凤生崇仪，字礼中，赠奉政大夫，配徐氏，赠宜人。生五子，皓、则、麟、瑞、瑶。此小洲旧谱叙焉。其未叙者则元凤本迁沙头也。今详沙头系旧谱云。皓，字震成，明永乐二十一年癸卯科由廪生举于乡，官浙江金华府司理、广西桂林府同知、授奉政大夫。配崔氏，赠宜人，生子□，居新村；庶何氏，生子□，因官居金华。则，字乃成，官主簿，配袁氏，生子□，居长坑，迁赤沙。麟，次三，居中焉，小洲系所自出焉。瑞，字端成，配黎氏，生子□，迁江村尾。瑶，字玉成，配钟氏，生子□，迁西江。而崇仪三子麟，字克成，配张氏，生三子，鲲、鳟、儵。旧谱云，鲲，字大鱼，号东台，配岑氏。生承先，字宗成，配姚氏；生谅，字益三，号西溪，迁小洲。鳟，字义鱼，配黄氏，继李氏，生子□，居北亭，迁官桥。儵为季子，自际遇及七传，《尔雅》谓之昆孙。其迁小洲先于西溪派两传。其生在元至正二十四年甲辰，其卒在明宣德三年戊申。其迁当在明初。今其系传二十一世。旧谱云，五世南塘长子光海业儒瀛洲房，其次曰业儒新塘房，又次曰业儒官桥房，而皆佚其名。旧谱有称小洲曰瀛洲，今据《番禺县志》作小洲，故仍如书院旧系小洲名以符志称……儵音攸，市头谱

作修，音近形似，故也。

……

始迁祖琼，字益三，号西溪，以儒业著。配萧氏，庶林氏，明成化间，由番禺河南新村迁本县小洲乡……生在明宣德六年辛亥，其卒在明弘治十四年辛酉，其迁当在明成化间。今系传二十二世。其十四世华柱迁新桥。十六世大任迁陈村。十八世配奀，迁安南，生二子，献、盾。[1]

小洲目前仍保存完好的祠堂有：简氏大宗祠（嘉告堂）、西溪祖祠（受经堂）、东源祖祠（其慎堂）、慕南公祠、粤梅公祠、东池公祠、泗海公祠、瀛山公祠等。

图1-5 小洲村简氏宗祠

资料来源：照片由华洲街道办提供。

---

① 《粤东简姓大同谱》卷二。

五　民间信仰

在明清时期，民间信仰是乡村社会生活的重要内容。村民多通过神明信仰区分彼此、组织社会关系。神明既是村民精神世界的组成部分，更是村落地缘组织的文化符号。村民通过神明信仰及宗教仪式联谊乡情、决议乡事、解决纠纷。小洲现存的庙宇有玉虚宫、天后宫、三帝庙、简佛祖庙。废圮的有水口庙、姚大总管庙。此外，每一街道原来还有"社公"，即是街道的土地神。

（一）玉虚宫

玉虚宫位于拱北大街，奉祀北帝，修建时间不详。玉虚宫在康熙庚午年（1690年）、乾隆戊寅年（1758年）有过两次大规模的重修。北帝是珠江三角洲地区最为流行的神明信仰。玉虚宫为小洲最重要的庙宇，所奉祀的北帝是小洲的"村主"。

> 北帝系水神，北方人，走难的时候，有官兵追赶他，前面没退路，后面有追兵，一只龟和一条蛇刚好在海边，那条蛇化成一条竹，龟化成一条船，北帝公马上落船，到了对岸，就上滩，追兵又差不多追到了，就有一群鸭将他的脚印弄混淆，追兵不知道他往哪个方向走。所以从此之后鸭就是北帝公的救命恩人，北帝也因此脚踏蛇龟。①

---

① 根据坤叔的口述整理，采访时间2015年11月20日。

祭祀北帝的仪式主要有三月三飘色。民国以前，每年逢农历三月初三的北帝诞，玉虚宫均要举行飘色活动，前后持续五天。飘色又称"出色"，以"约"为单位，东、西、南、北、中约每约各出两板"色"。每"板"用两到三个小孩扮演。"出色"从三月初一开始，至初五结束，延续五天，在村内巡游。在北帝诞期间，村内还会请当地有名的粤剧戏班表演。

图 1-6　小洲村玉虚宫

资料来源：照片由华洲街道办提供。

（二）天后庙

天后庙位于东庆大道内，祀天后。天后是小洲现存最古老的庙宇之一，具体修建时间不详。该庙在清代共有三次大规模的重修，分别是乾隆二十七年（1762 年）、同治三年（1864 年）及光绪二十三年（1897 年）。

图 1-7　小洲村天后宫

资料来源：照片由华洲街道办提供。

　　根据同治年间的重修碑刻记载，小洲天后庙最初祭祀神明为"娘妈滘"，而非天后。入清以后，天后逐步取代"娘妈滘"，成为该庙的主祀神明。我们推测，这一改变极有可能就是民间信仰标准化的过程。娘妈非国家祭祀神明，大体属"淫祠"一类的民间信仰，并不为官府所承认。在清代国家对地方社会教化的过程中，原来的民间信仰逐步被改造成符合国家正统礼仪的神明。在这一背景下，小洲遂改祀天后。天后庙与水上人文化之间的密切关系，在乾隆年间的重修碑刻中有清晰体现。其文曰：

　　……故自城都迄诸村落，悉皆尸祝为虔，祷求每应，呵之护之，而海□江乡幸免于洪涛巨浸，蛟蜃鱼鳖患者，神之功尤

著焉。吾乡四围皆水，东庙之建，由来久矣。今踊跃新之，仍其址而拓……①

（三）三帝庙

三帝庙位于北约登瀛大街东云桥畔，祀玉皇大帝、文昌、火神三神。三帝庙创建于乾隆三十一年（1766 年），在嘉庆六年（1801 年）、道光二十四年（1844 年）两次重修。三帝庙的传说、仪式，现已无从考究。根据道光重修碑刻，村民奉祀火神的目的在于使村宅免受"祝融之害"。三帝庙在公社化时期曾被改为卫生所。

（四）简佛祖庙

简佛祖庙位于北约登瀛四巷。简佛祖庙修建于民国元年（1912 年），内祀简佛公。简佛公为番禺屏山简氏（逸屏派）的祖先。简佛祖庙为村内最迟修建的庙宇。简佛祖庙是小洲某一房支简姓族人在民国时期与番禺屏山简姓族人联宗后，在小洲村内修建的。

六　艺术村落

20 世纪 80 年代以后，小洲因大批艺术家的进驻而逐渐成为享誉华南的"艺术家伊甸园"。这些艺术家既有初出茅庐的年轻人，亦不乏关山月、黎雄才、曹崇恩等蜚声海内外的艺术大师。

---

① 《重修天后庙碑记》，碑存小洲天后庙内。

小洲的艺术空间由艺术村、曹崇恩雕塑公园及小洲艺术区三个部分组成。

图 1-8 曹崇恩雕塑园

资料来源：照片由华洲街道办提供。

艺术村位于小洲西边的瀛洲路，兴建于 20 世纪 90 年代，是驻村艺术家的生活区。艺术村是小洲"筑巢引凤"的重要举措。曹崇恩雕塑园位于小洲东边、瀛州生态公园对面，占地面积五千平方米，是国内唯一自筹资金并以著名雕塑家曹崇恩的名字命名的雕塑园。园内主体建筑是曹崇恩雕塑展览馆，是国内著名的艺术展区。

小洲艺术区是利用小洲南边广州南沙快速路高架桥桥底空间建设的，以原创艺术工作室为主体，同时拥有大型展厅、艺术品市场、艺术沙龙和休闲场所的综合性艺术区，涉及国画、油画、漆画、版画、壁画、雕塑、摄影、书法、设计、装饰等门类。

第二章
清代小洲：简氏宗族的建立与兴盛

一 明清时期的珠江三角洲

明清时期，是珠江三角洲社会转型的重要阶段，也是小洲村落发展的关键时期。在这一阶段里，简氏宗族逐步形成并发展壮大，成为小洲村内最重要的血缘组织。小洲的简氏族人，通过祖先的祭祀重塑小洲的社区关系，并以其为手段实现对土地田产等经济资源的控制。与此同时，小洲简姓族人积极参加科举考试，获取功名。简氏宗族的士绅化，使其在清中叶以后成为学风蔚然的地方望族。此外，简氏乡绅又借助修族谱、扒龙船等文化手段，联合附近村落的简氏族人，在更大的地域范围内构建血缘网络。清代是小洲宗族组织形成的关键时期，简氏族人通过正统文化符号的创造与运用，实现了社会生活的重构。

小洲在清代的变迁，与珠江三角洲其他乡村大体一致。故清代小洲的历史，实为珠江三角洲地区民众生活变迁的缩影。关于明清时期的珠江三角洲社会变迁，许多学者曾做过深入的研究分析，其中最有影响力的当推科大卫、刘志伟、萧凤霞的研究。[①] 在这一部分里，我们以上述三位学者的研究成果为基础，对明清时期珠江三角洲社会情况作一大致的勾勒。

科大卫、刘志伟、萧凤霞等学者的研究指出，明清两代是珠江三角洲社会转型的重要时期。地方民众在进入王朝版籍的过程中，逐步建立起以宗族为重要特征的社会形态。这一转变与沙田开发、国家礼仪推行、赋税制度改革等因素有着密切关联。今天我们看到珠江三角洲地区许多"正统"的礼仪文化，实质上是民众在此时期里构建国家的结果。

明清时期珠江三角洲社会的转型，首先是以地理形态的改变为前提。在明代以前，现今珠江三角洲的大部分地区是一个由多个江河口环绕的海湾。在这个海湾中，大小岛屿星罗棋布。据嘉靖《香山县志》载："番禺以南，海浩无涯，岛屿洲潭，不可胜计。"[②] 清初著名学者屈大均在《广东新语》中亦如是提及下番禺："下番禺诸村，皆在海岛之中，大村曰大簕围，小曰小簕围，言四环皆水也。"[③] 现今珠江三角洲的许多山峰，在明代之前为岛屿。

入明以后，随着地方社会大规模的围造沙田，原为海洋的下番禺逐渐成陆，海岛也因此变成了山峰。在岛屿星罗密布的江海世界中，居民以水上人为主。时人称水上人为"疍"。宋代学者周去非在《岭外代答》中如是介绍："以舟为室，视水为陆，浮生江海

---

① 刘志伟：《在国家与社会之间：明清广东地区里甲赋役制度与乡村社会》，中国人民大学出版社，2010；科大卫：《皇帝与祖宗：华南地区的国家与宗族》，江苏人民出版社，2010；Helen Siu：*Agents and Victims in South China：Accomplices in Rural Revolution*，Yale University Press，1992。

② 嘉靖《香山县志》卷之七，明嘉靖二十七年（1548 年）刻本。

③ （清）屈大均：《广东新语》卷二《地语》，中华书局，1997，第 58 页。

者，蜑也。"① 明万历《广东通志》中也有类似的说法："蜑户者，以舟楫为宅，捕鱼为业，或编蓬濒水而居"。② 直到有清一代，珠江三角洲蜑民的数量仍十分庞大。道光《广东通志》对蜑民又有以下描述：

> 粤东地方，四民之外，另有一种名为蛋户，即猺蛮之类，以船为家，以捕鱼为业，通省河路俱有蛋船，生齿繁多，不可数计。粤民视蛋户为卑贱之流，不容登岸居住，蛋户亦不敢与平民抗衡，畏威隐忍，局蹐舟中，终身不获安居之乐，深可悯恻。③

材料显示，官府对蜑民多持歧视态度，视其为非我族类，与"瑶蛮"无异。与蜑民相对应的是民户。蜑民与民户的区别，并非在于生活方式的不同，而是在于户籍上的差异。民户登记在册，需为官府当差纳粮。蜑人则不入版籍，不为官府承担赋役。但是这两者间的界限并非泾渭分明。明清时期珠江三角洲社会的变迁在很大程度上表现为蜑民上岸、入籍的过程。民与蜑的区分，在更多时候表现在先后入籍上。先入籍的蜑民不断通过利用文字传统、正统宗教及国家礼仪构建新的文化身份，将自己与蜑人相区分。因此，今天我们看到珠江三角洲林立的宗族，实际上就是当地居民表达文化身份，借此获得声望、权力与社会地位的重要手段。

---

① 周去非：《岭外代答》卷三，四库全书本。
② 万历《广东通志》卷之七十，明万历三十年（1602年）刻本。
③ 道光《广东通志》卷一，道光二年（1822年）刻本。

　　明清以前以水上人为主体的珠江三角洲社会，对小洲简姓村民的文化影响尤深。根据《粤东简氏大同谱》记载，小洲村简氏自称为克成祖之后。克成祖的三个儿子分别为：鲲、鳟、鯈。其中鯈为东源公支派的始迁祖，鲲为西溪公支派的始迁祖谅的祖父。克成祖三个儿子的名字均与鱼有关，从一个侧面证明小洲简姓居民在构建宗族之前深受水上人文化的影响。

　　明清之际，水上人在开发沙田的过程中，逐步上岸定居并登记入籍，成为王朝政府的编户齐民。水上人登记入籍的根本目的在于合法地拥有新开发的土地资源。在明代上岸的水上人，被编入里甲系统，成为为王朝政府当差纳粮的编户齐民。里甲为明代中叶以前王朝政府主要的赋税方式。在里甲系统之下，里民承担的是实物赋税与亲身应役的方式。里甲制度以里甲排年为原则，民众轮流为官府应役当差。这一制度设计的前提是将老百姓"画地为牢"地固定在土地上。官府以户丁为主、田地为辅的原则征收赋役。在这样的前提下，登记在官府黄册之上的户名必须是以真实为原则。但在这一制度下，官府乱摊派力役的情况极为严重。最后导致在里甲系统之内的民众大量逃离原籍，官府无法征收赋税。明中叶以后，为阻止财政状况进一步恶化，明政府开始改革税收，将赋役折银定额征收。赋税征收的主要依据不再是户丁，而是田地。

　　赋税征收原则的变化，导致了土地控制方式出现新的变化，意味着民众在官府登记土地时，不必使用真实的名字。珠江三角洲地区的民众因此可以用祖先的名义，通过宗族的活动开发与经营沙田。因此，赋税制度的改革对珠江三角洲社会形态的变迁产生了至关重要的影响。宗族的出现与壮大成为明清时期珠江三角洲最显著的社会特征。民众通过宗族的创建达到表达国家认同、组织社会生活、控制经济资源等目的。祖先崇拜绝非只是满足民众心理需求的文化符号，而是有着强烈社会、经济功能的文化手段。

同时，在宗族创建的过程中，随着科举制度与国家礼仪的推行，宗族又经历了士绅化的过程。地方乡绅不断以"正统"的国家礼仪教化与规范地方社会。珠江三角洲最后形成了以祖先崇拜礼仪为基础的宗族社会。

二　小洲简氏宗族的创建

由明至清，小洲村的社会生活的组织方式经历了由神明信仰至祖先崇拜的转变。在乾隆以前，小洲村宗族组织仍未发达，村民主要通过玉虚宫的北帝信仰组织其社会生活。根据乾隆二十三年（1758年）《重修本庙碑记》记载，玉虚宫在康熙二十九年（1690年）及乾隆二十三年分别有过两次大的重修，其碑文曰：

> 玄天北帝，其由来久矣！神之威灵显赫远迩！同钦岁上，襄居长幼，咸齐明会祀，即异乡人士，莫不输诚来谒，祈祷响应从无，或爽询诸父老。康熙庚午年有事重修，于今七十载①。

从材料可知，玉虚宫在村内历史久远，在明代可能已经存在。但因材料的散佚，我们并不能详细知道其在明代的具体情况。康熙二十九年玉虚宫重修，极有可能是清代地方平定以后地方社会秩序

---

① 《重修本庙碑记》，碑存于小洲村玉虚宫内。

重新构建的结果。但可惜的是，此次重修没有留下任何的文字记载。康熙、乾隆年间，简姓宗族逐步崛起，宗族由是成为村民社会生活的重要组织方式。玉虚宫在乾隆二十三年的重修，正是简氏宗族崛起的结果。

根据《重修本庙碑记》捐款题名的记载，此次重修共有 410 笔捐款，其中简姓族人捐款 350 笔。捐款数额最多的为克成祖，捐款 80 两白银。在上一章中我们已做了介绍，克成祖为小洲东源与西溪两大简姓支派共同奉祀的祖先。克成祖参与捐款的情况，说明东源公与西溪公两大支派在乾隆初年已初步联合，小洲简氏宗族初具雏形。但此时的简氏宗族仍未完备，嘉告堂仍未修建。乾隆五十五年（1790 年），嘉告堂修建之后，简氏宗族便不再以克成祖之名捐修村内各庙，而是以嘉告堂的名义捐款。同时，克成祖捐资额度为 80 两白银，表明简姓宗族已经有了一定规模的族产。这些情况说明，康熙、乾隆年间是小洲简氏宗族形成的最重要阶段。除了玉虚宫，简氏宗族还捐修了北约的天后宫。

小洲简氏宗族在康熙年间崛起的关键原因在于明清鼎革时期社会秩序的重大变革。明末清初政权的更迭，使珠江三角洲地区出现较大规模的社会流动。许多前明时期的普通民众（包括军户、疍民）借此获得了新的社会身份，同时部分读书人借助科举制度跻身士绅阶层。现今珠江三角洲地区的许多宗族，正是在明末清初社会瓦解与重组的过程中崛起。小洲简氏宗族形成过程是从清初至乾隆末年。在小洲简氏宗族形成的过程中，先是不同房支兴修公祠，后是不同房支联合创建小洲简氏大宗祠。

小洲简氏中最早崛起的是西溪公派慕南公房。《粤东简氏大同谱》如是记载：

在昔曾祖父慕南公，仁厚方正，治家严而有瀮，子孙稍有过，责之不贷。而传瑶碧公，且读且耕，蔚然业枞。适明清鼎革，隐居修身，急人所急，乐善休休，立尝业百数十亩，命子孙轮司祀事，立书田三十亩以赡子孙入学者。①

材料中所提及的慕南公为九世祖，瑶碧公为十一世祖。慕南公的生平显示，其在明末未获功名，亦未曾立有族产。慕南公极有可能在明末时未入版籍。清政府在珠江三角洲确定统治后，许多原来不在版籍的民众在这一时期登记入籍，成为编户齐民。值得注意的是，慕南公之孙瑶碧公立尝业（即设置尝产②）百数亩田产，将田产登记于祖先名下，并"命子孙轮司祀事"。这一情况固然说明慕南公房在清初已拥有较强的经济实力，但更为重要的是，其宗族规模已初具雏形。以祖先之名控制田产，是华南地区宗族最为重要的经济特征。瑶碧公之举无疑是慕南公房形成的第一步。但如果要形成真正意义上的宗族，还需"显功名，修礼仪"。故瑶碧公立书田以供族人读书，以期通过科举、礼仪进一步完善与规范宗族。

康熙年间，瑶碧公之子、十二世悫庵公获取功名。根据族谱记载，悫庵公是西溪公派第一个拥有功名的族人，其文曰：

悫庵好学不倦，通星纬，康熙时补邑廪生，由北约迁中约，建瑶碧公祠。③

① 《粤东简氏大同谱》卷十。
② 尝产指的是某一宗族或宗族房支以某一祖先的名义公共拥有的共同财产。
③ 《粤东简氏大同谱》卷十。

愨庵公也因此拥有了其他族人难以企及的威望。随后，愨庵公为其父建立瑉碧公祠，并迁至中约。愨庵公迁居的举措从侧面印证了小洲的发展格局是从东向西的发展趋势。瑉碧公祠是西溪公派的第一个祠堂，西溪派因此进一步发展。此后，十五世蓝田公进一步修葺西溪公祖祠与瑉碧公宗祠，并为祠堂牌匾及登瀛码头题词：

西溪公祖祠匾曰受经堂，瑉碧公宗祠衔表曰南洲，乡之间门额曰登瀛，皆手泽所遗。①

从十一世瑉碧公到十五世蓝田公，经过五代的努力，慕南公房的瑉碧公宗支不断发展完备，成为了西溪派的主导力量。

在西溪派发展的同时，东源派亦开始创建七世祖粤梅公的宗祠。粤梅公祠由十二世良士公在康熙年间建立：

东源云孙，惠客公子，弟良士……七世粤梅公祠，良士公创建……族玄孙广义、迪邦公子，以读书为愿，自捐田于众先倡举学者……昆孙耀彬，悠公子，有善人信人之称，遇郎，秉洛公子……金杨，景耀公子……太清，秉教公子，刚直，咸丰时红巾寇平，邑办善后，每劳苦至衔乞保民。太清之子秀馥为族仍孙，修谱力采访于此于佳士公后皆有称也。②

上引材料告诉我们，东源派的十二世祖良士公虽无功名，但亦

---

① 《粤东简氏大同谱》卷十。
② 《粤东简氏大同谱》卷十。

努力捐田倡学以兴族业。

在乾隆末年，西溪、东源两派联合，创建嘉告堂，奉祀克成祖。小洲简氏宗族的创建由是基本完成。主导两派联合的分别是各自派系中最强的瑨碧公宗支与粤梅公宗支。当其时，瑨碧公宗支中的主事人为十五世颉云公。《粤东简氏大同谱》对颉云公有以下记载：

> 燕，字宁邦，号颉云。西溪云孙，庶成公长子也。……乾隆四十四年己亥恩科举于乡。公弟献帮早亡，遗孤湘元……迨湘元入学，公持弟粟主大哭，伤其不见也。公父遗产盖万金，自弟亡后，公辛勤善筹，积至十万。
>
> 若从遗产言分弟者当五千金耳，而公视弟孤子如己子，然公二子谷怀、信怀与弟孤子湘元各均三万，以一万为总费之通用，皆无私者。乾隆五十五年庚戌，公创建祖祠，匾曰嘉告堂，系谱以成。斯溯小洲系两始迁祖，同出一本之亲历追祀焉。俾世世子孙念一本之亲，永相睦也。其始迁小洲在明初者曰东源公，其后明成化间始迁小洲者曰西溪公。而皆出自克成公。盖克成公于东源公为父，于西溪公为曾祖王父也。而克成公父礼中，王父鸣岗公，故自鸣岗公追祀远之，由一本合建祖祠。其建祠费初无资也。公定众议，凡族人宜随物而自输，其费若火灰，若田料，若猪鱼，各有所输，于是乎费足。而祠成其后，祭费亦因是而推之。时有吝所输而兴谤者。公曰此输其可自输者，资以建祠皆义也，力所能也。今为祖宗事，力所能者，而私心不为，且兴谤而欲败其事，是自外也。严斥之，俾不得与于此祠之祭。《中庸》曰同其好恶，所以劝亲亲也。今

成祠事者同好之，败祠事者同恶之。族众当同也。[①]

前文已知，小洲不同派系的简姓居民在康熙年间已经共同奉祀克成祖。但在乾隆末年之前，一直未建克成祖的祠堂。乾隆五十五年（1790 年），颉云公倡导族人捐资输物，修建了奉祀克成祖的嘉告堂。颉云公修建了嘉告堂之后，又捐地倡建了慕南公祠。至此，西溪派系的构建大体完成。

在东源公支派中，最积极参修嘉告堂的是十五世成炽公。成炽公"率其弟绍炽及叔父京兆公子启炽同以其有地献而捐之为祠地，族父正明公子彧宾亦捐地"。[②]

简而言之，从清初到乾隆末年，是小洲简氏宗族形成的主要时期。清初，小洲仍未有宗族活动的记载。在这一阶段里，小洲祠堂未兴、族规未立。康熙以后，西溪、东源两派的不同房支逐步壮大，成为构建宗族的重要力量。乾隆初年，两派开始通过追溯族源，奉祀克成祖为双方祖先。至乾隆末年，两派进一步联合，修建了嘉告堂，完成了小洲简氏宗族的创建。小洲简氏宗族的创建，包含着联合与分房两个方面。一方面，全村族人通过追溯共同祖先，完成了社会共同体的构建；另一方面，不同的房支又因土地财富的增加而分房，并出现了新的祠堂。如嘉庆以后建立起来的泗海公祠、瀛山公祠等祠堂，即是分房的结果。小洲简氏宗族，亦通过联合与分房，重构了小洲的社会秩序。

---

① 《粤东简氏大同谱》卷十。
② 《粤东简氏大同谱》卷十。

三　教化与盗乱

清乾隆以后，简氏宗族成为小洲最重要的社会组织。简氏宗族对内以族规约束族人、教化乡里、经营尝业，对外防御盗匪。如前文所提及的颉云公，即是躬行教化的乡绅典范。族谱载：

公为党正，禁蒱，博躬行察，视适有深夜犯禁者，以为公不能察也。明日公集众祠中，呼犯者至，斥之曰，汝敢夜犯乡禁，汝何为而敢？众皆惊悚。犯者伏罪，愿罚钱若干为乡费。自是绝无犯禁者。有乡恶五人，号为五虎，莫敢谁何。公诫之再三，犹不改。公曰此非大义灭亲，无以治也。擒最悍者一人，鸣官置之法，而四人奔逃。乡族以安。其乡联二十四乡，名曰彬社。乡俗之女，其陋习归宁不返。如急之，则妇死夫家，其女家诬讼，坐此受累者众矣。公率彬社同人以乡陋习联告有司，勒石示禁，俾诬讼不行，陋习遂革。①

材料显示，颉云公以祠为所，警恶惩奸，规束乡人，处置乡恶五虎。此外值得注意的是，在珠江三角洲乡俗中，许多与女性相关的习俗并不符合正统儒家礼仪。颉云公遂联合彬社其他乡绅，禁革陋习，使其合乎正统礼仪。透过颉云公一系列的举动，我们不难看到，在乾隆以后，小洲逐渐转型为乡绅社会。地方乡绅通过宗族的构建与国家礼仪的推行，逐渐确立了自身的权力地位，重新整合社区。

---

① 《粤东简氏大同谱》卷十。

在乾隆年间，小洲乡民与周边社区的关系并不稳定。简氏宗族视周边的疍民为小洲的威胁。故颉云公又驱逐疍民，并获其地：

乡聚族而居者，吾族为后至。吾族居以外之田，皆非吾主其田。主招蛋民租耕中田，茅庐久为匪奸，而与吾祖祠相望。蔽所望，而近所匪，吾无主权以去之，主者利其租则弗顾也。公无如何迨田禾花时，潜夜使人刷其禾花，蛋民以田无获而他徙。主者转鬻我田，吾族乃免患。①

而小洲与周边村落最为激烈的冲突，为光绪年间与土华村的械斗。光绪年间，小洲村与土华村因为挖河涌淤泥而发生冲突。小洲村人坚持认为自己在官涌取泥，土华村人认为其取泥于土华之田，两村遂发生冲突。小洲村方面负责处理冲突的乡绅为十八世玮卿公。玮卿公是小洲历史上唯一的正途进士。族谱载其履历如下：

光绪九年（1883年）进士，即用知县分发山东委查武定府惠民县水菑泽，及蓿民旋署沂州府沂水县知县，奏补授登州府莱阳县知县，特调曹州府朝城县知县。乙酉、癸巳（1885年、1893年）乡试同考官崇祀沂水县明志书院，从祀莱阳县陈前令伯平专祠。②

《粤东简氏大同谱》中关于小洲村与土华村的冲突如是记载：

① 《粤东简氏大同谱》卷十。
② 《粤东简氏大同谱》卷十。

（玮卿）公言于李邑令曰："久讼之，由此取涌泥，彼以为取田泥。今考其涌，小洲水也。邑志小洲水合于白鹅潭，是官涌也。在官涌取泥，非田泥也。今久讼不判势，成械斗，岂不为两乡十万生灵惜乎？"邑令得公说判之，两乡耕农复业，争者皆平。

双方的冲突持续了多年，两村均有多人伤亡。最后不得不由番禺县官府裁决。现在土华村内，仍保留着一块高约 1.6 米的告示碑。

图 2-1　土华村光绪告示碑

资料来源：课题组拍摄。

此碑现已模糊，仅有部分字样可以分辨：

> 光绪十七年十月初五告示⋯⋯清泥械斗⋯⋯直隶州署理番
> 禺县事捕用县正堂李①

在清代，宗族除了规范族人、处理与周边村落的关系，另一重要的功能就是对付盗匪。当其时，珠江三角洲社会盗匪为患，甚至于"民盗不分"，是社会秩序的一大祸害。如宣统《番禺县志》对茭塘、沙湾一带的盗匪情况有以下描述：

> 乾隆四十年湖南巡抚李湖调抚广东。时沙湾、茭塘称盗
> 薮，假风便捕鱼出洋肆劫，或散布内地时出摽掠。有以被盗报
> 者，官辄讳之，令致窃窃，是盗益恣。湖下车暨总督巴延三筹
> 访，各盗始各居址出入途径，侦知诸盗首。以七月望前旧家设
> 祀，密饬文武官分布兵役，旬日间擒获巨盗二百余人。②

从材料可知，时茭塘、沙湾盗匪为患，许多盗匪以出洋为名，到处行劫。官府只能入村严查。又如嘉庆年间，番禺一带许多盗匪伪装成各色人士，肆劫村落。县志有载：

> 总督百龄令沿海州县团练为守计。贼人多诈，或作乡绅伪
> 领官炮，或以官船伪巡村落，使人不备猝然肆劫，或伪为商贾

---

① 碑存于土华村内。
② 宣统《番禺县志》卷二十二，第260页。

术士，以探虚实。乡人稍觉之，提防严切，往来不识之人指为盗贼，群聚而屠之。官兵登陆买籴，亦疑为贼而杀之。扰乱不堪言矣。①

盗匪横行的状况使地方社会秩序异常混乱。素有矛盾的村落往往会趁机到官府告发对方为海盗。由于资料的散佚，我们并不能准确了解海盗的具体情况。但在民盗不分的传统乡村社会里，村落之间互相告发，乃常态之事。在此背景下，如何与官府交涉，维护本族利益，就是本地乡绅的重要责任。道光年间，有人到官府告发小洲，认为简姓族人中有名"辉"者，为海盗同党。西溪公系的十六世夒飓公遂至衙门交涉。族谱载其过程如下：

> 时有嫁祸其乡者，买海盗供曰："简族名辉者，其同伙也。"有司围捕，严勒交，乡人奔避汹汹。公镇静不惊，悉稽吾宗名辉者，凡十九人。皆子弟之驯者也，翼安生业。公乃亲携十九人赴邑治所。入白张邑令曰："吾宗十九人名辉者，今皆至。"令即欲质讯，公密语令曰："愿有请也。请阴使他人群至，先与盗指证，如盗曰皆非也，其后乃召吾宗人。如盗指证云，何斯难诬矣。且请所阴使群至者，皆勿告其群为何事也，惧其通盗也。"令善公计，阴使丁役十九人，遽为乡人，装不告之，故速其群集于庭，即与盗指证。盗竟证指侍役为简族名辉者，证为同伙。令屡诘不移。公笑而意解，请于令曰："吾宗十九人今罗拜邑民父母前，幸谢还乡矣。"于是买海盗

---

①　同治《番禺县志》卷二十二，第 262 页。

供者，计不得行。而令因以察焉。宗人曰："非公智术，若斯吾宗十九人必有一人冤者。盖非密语之，非阴使之，非即讯之，安知彼不又买丁役而先通盗者乎？苟先通盗，则盗于其前为乡人装者，舍不指证。而于其后十九人中，指证一人，岂非不白之冤乎？"①

时小洲有十九人"名辉者"，夒飔公一俱带至官府。在交涉过程中，官府令海盗指认"简族名辉者"。夒飔公设计，使侍役装扮成族人，结果海盗指认侍役为"名辉者"。夒飔公由是解救了族人。夒飔公与官府交涉的案例，所展现的是地方乡绅在乡民与官府之间扮演的角色。在盗匪为患的社会里，乡绅是保护族人的重要角色。又如光绪年间，小洲巨盗河清在逃，官府拟围剿小洲。十八世玮卿公挺身而出，解救小洲族人。族谱载：

越二年，粤匪初平，大府思善后，公小洲乡巨盗河清在逃未获，有欲因事中伤者，遂言："河清匿乡中，请大府围剿。"蒋中丞益澧命谢游击名山，率师船百数十艘围乡，志图大剿。乡人皆走避。公得一老，与之俱见官，将趋进此，老伴腹痛不前，其心以为官将留之，以交盗也。公独趋见，谢将官严诘之。公曰："河清吾乡人，背父久去，非居乡也。其父结茅居乡之水滨。今事发，父且先逃。顾自大府命麾下治盗后，盗皆知畏。今漏网盗如河清，必成禽也。请自悬重赏，获之以献。"谢将官意解，如所请，撤围而退，合乡保全。无几何，

---

① 《粤东简氏大同谱》卷十。

获盗如公之策。[1]

玮卿公首先谓官府曰，河清本为小洲人，但离乡已久，非居本乡，故围剿小洲非能擒拿河清。玮卿公遂献计官府，重赏缉拿河清。小洲由此得以保存。玮卿公之所以能说服官府，无疑是其拥有功名与威望。不难想象，若交涉失败，小洲即有可能遭受灭顶之灾。

此外，小洲乡绅积极组织团练，以应付盗匪及地方冲突。时至今日，小洲村民在讲述扒龙船时，仍会绘声绘色描述以前如何拿着机关枪出游。这些残存于村民脑海中的历史记忆，正是当年小洲士绅组织团练的反映。

概而言之，清乾隆以后，小洲简氏宗族涌现了许多有功名的乡绅。作为小洲的权力精英，这些乡绅对内规范族人，对外则处处维护小洲的利益，是小洲社会的主导力量。而乡绅权力的权威，则来源于其对国家的文化符号操控与运用。由乡绅所主导的宗族社会，是我们理解清代小洲社会的关键所在。

---

① 《粤东简氏大同谱》卷十。

第三章
清末民国时期的小洲村

　　清末民国时期是小洲历史上承前启后的阶段。在这一时期里，大清王朝日渐式微并最终被中华民国取代，国家政治形态遂发生了根本性的转变，中国由王朝国家逐步过渡到现代民族国家。政权的更迭与国家形态的转变，对小洲产生了深远的影响。小洲的社会生活在沿袭着明清时期传统的同时，又出现了许多新的变化。

　　这些变化体现在以下几个方面：在政治上，国家政权的更迭导致了地方社会长期处于不稳定的状态，地方政治的不稳定促使小洲的民间武装力量不断发展壮大，小洲乡团成为当地举足轻重的力量；在经济上，珠江三角洲的经济并没有过多受到地方动荡的影响，小洲村民的生活受益于市场化程度的不断提高；在文化上，新的国家政权不断借助"现代性"的文化手段强化对乡村社会的控制，小洲的教育、婚姻等日常生活逐步被打上现代国家的印记。

　　在国家转型与地方政治重构的过渡时期里，小洲人在继续沿用传统构建现代生活的同时，开始熟习运用现代文化符号去诠释传统文化。

一　清末民初"地方动乱"与小洲乡团的形成

国家与地方政治的变迁对于地方社会最直接的影响，莫过于行政建制的变动。从清末至民国时期，小洲的行政区划因地方政治格局的变动而多次发生改变。

清中叶之前，番禺南部地区实行"司—乡都—堡—图—甲—村"的行政区设置。这一建制构成了当地社会运作的制度基础。但至嘉庆年间，司领都、都领堡、堡领村的制度日趋松动，地方自治的色彩渐趋浓厚，许多村落联合组成了具有自治性质的"社"。[①] 这一情况在禺南茭塘、沙湾二司辖区内的村落体现得最为明显。时茭塘司辖内的村落结成乡村联盟，分成了八个"社"，分别为崇文社（社址在东滘）、南洲社（社址在河南地）、维安社（社址在泥塘）、彬社（社址在官山墟）、显社（社址在塘埗）、深水社（社址在思贤乡）、东山社（社址在南村）及岗尾社（社址在明经乡）。此外，还有若干散乡未加入"社"，如龙潭、沥滘、螺庄、植地庄等乡。

在结社自治的过程中，小洲加入了彬社。该社共有二十四个乡村，包括琶洲、黄埔、赤沙、北山、仑头、土华（俗名土瓜）、西江、官洲、长洲、深井、南埗、贝岗、郭家塘、赤坎、诗家山、穗石、大塱、北亭、南亭、鹭村、白泥涌、新洲和大冚等村。[②] 小洲与上述村落结成联盟关系，彬社由是成为主导当地公共事务的权力

---

① 朱光文：《名乡坑头：历史、社会与文化》，岭南美术出版社，2013，第11页。
② 宣统《番禺县续志》卷二，"舆地志二"，第7页。

组织。

不同村落结成联盟的深层原因在于清中叶以后地方"民事日繁"，官府对社会的控制力不断式微，民间社会力量日渐壮大。洪秀全在广西桂平起义之后，华南各地纷纷响应，广东地区亦发生了"红兵起义"。为镇压红兵起义，广东各级地方官员鼓励乡绅设立"团练公局"（简称"公局"）以御"盗匪"。"动乱"平息以后，公局被保留下来并演变为乡绅控制基层社会的常设权力机构。公局集军事、司法、行政等权力于一体，拥有独立武装力量，权力范围包括征收局费、稽查、缉捕、审判、仲裁等方面。① 清末珠江三角洲"动乱"不止的情形，一方面导致国家权威不断向基层社会渗透，另一方面则促使地方社会武装化与自治化的倾向日趋严重。这两个看似矛盾的过程，实际上是清末珠江三角洲社会变迁的一体两面。乡民在借助国家权威获取基层社会权力的同时，又通过运用正统文化元素巧妙地将国家权力抵挡在了乡村之外。

小洲所属的彬社形成于咸丰年间。咸丰二年（1852 年），沙湾与茭塘两司所辖的村落"土匪煽乱"，地方乡绅先是自发组织团练，"协同官军进剿"。团练机构名曰"沙茭总局"。"沙茭总局"的局址设在南村的贲南书院之内。② 故贲南书院既是兴举文教之地，又是两司士绅集议乡事之所。随后，因"动乱"日繁，总局下属各社又纷纷成立公局。彬社各乡的士绅则在小洲隔河相对的官山墟联合设立了"彬社局"。③ 彬社局设于官山墟的主要原因是该

---

① 邱捷：《晚清广东的"公局"——士绅控制乡村基层社会的权力机构》，《中山大学学报（社会科学版）》2005 年第 4 期，第 45~51 页。
② 宣统《番禺县续志》卷十，"学校志一"，第 24 页。
③ 宣统《番禺县续志》卷五，"建置"，第 24 页。

墟为当地的市场中心地。从彬社局的选址我们不难看出，墟市在乡村的社会生活中承担着十分重要的功能，其不仅是乡民互通有无的贸易场所，更是公共权力产生的空间。至此，彬社成为对小洲村民生活影响最大的权力组织。

光绪末年以后，珠江三角洲地区的自治程度进一步提高。宣统元年（1909年），广东地方自治筹办处为划分自治分区，重新划分了行政区域。规定"无论向名为乡、为社、为约而人口满五万以上者，即谓之镇；不满五万者谓之乡。"[①]于是组成彬社的乡村，均改称为"乡"。故今时今日，我们走进小洲，仍能听到村民对小洲有"村"与"乡"两种叫法。"乡"的叫法反映了清末地方行政建制的变革。据宣统二年（1910年）的户口统计，小洲所在的彬社"凡二十四乡，户六千一百三十四，口三万五千六百九十二"。[②]

清王朝灭亡之后，番禺地区的自治状态被进一步强化。民国初年至20世纪20年代末，小洲及附近的乡村由军事强人李福林管控。

1911年11月10日，广东光复，胡汉民就任都督并组设军政府。广州划为市区，"取用东西各国市区独立制度，宜划出省城及河南铺户，别为区域，直隶于都督府。"[③]河南铺户指的是河南岛西北部靠近珠江河畔，大致以海幢寺为中心，西至洲头咀、南岸、鳌洲、龙溪乡、安海，东至福场大街、跃龙里延伸至草芳围。这片区域商业开发较早，至1904年，已有335条街巷，9793间铺户。[④]

---

① 宣统《番禺县续志》卷九，"经政志三"，第9页。
② 宣统《番禺县续志》卷七，"经政志一"，第2页。
③ 《陈炯明宣布治粤政纲》，《申报》1911年12月13日，第12版。
④ 《粤垣之街道户口表》，《广东日报》1904年4月28日，第1页。

1905 年，当地居民自费筹设巡警，归省城巡警总局管辖。① 因此，这片区域被视为省城的范围，称为"河南市街"或"河南镇"。而河南其余区域则为乡村聚落，称为"河南七十二乡"。这些村落实际是在军事强人李福林的控制之下，成立自治性质的乡团联合自卫。1928 年，李福林因病辞去军政职务，赴香港康乐园隐居。② 此后，河南归并为番禺县第三区，设立河南全区办事公所，由伍应祺任所长。全区公所下设各乡公所，各乡公所又自置警卫队。③ 关于李福林与小洲的关系，我们在下一部分再作深入探讨。

1930 年 9 月，广州市政厅将包括小洲在内的附郭五十七乡村划入市区，包括南海县的三元里、瑶台、王圣堂、上下沙涌、上步、粤溪、松溪、罗冲、南岸、澳口、泥城、西场、大坦沙、河沙、增步、秀水、贝底水等处，番禺县的天河村、簸箕村、冼村、猎德、石牌、新庆、甲子、谭村、员村、程界、棠下上社、棠下、车陂、琶洲、黄埔、新洲、赤沙村、北山、嵩头、官洲、新村、龙潭、冈村、土华、小洲、大塘、上涌、西滘、东朗、新爵、南墩、西朗、麦村、白鸽薮、黄麖塘、林和、燕塘、沙河、凤凰村、下塘等。④ 自 1930 年 12 月 10 日开始，广州市土地局会同南海县、番禺县政府工作人员历时 4 个月在广州市区边界竖立水陆界石 46 方。⑤

---

① 《河南谋办巡警》，《广东日报》1905 年 9 月 29 日，第 2 页。
② 萧栋梁：《李福林》，中国社会科学院近代史研究所中华民国史研究室编《中华民国史人物传（第三卷）》，中华书局，2011，第 1716 页。
③ 《河南新定联防法》，香港《华字日报》1931 年 4 月 15 日，第 1 张，第 4 页。
④ 《南番县属划入市区范围》，《广州民国日报》1930 年 9 月 23 日，第 2 张，第 2 版。
⑤ 《本市界石竖立完竣》，《广州民国日报》1931 年 4 月 30 日，第 2 张，第 1 版。

小洲村河岸即是竖立界石地点之一。

1938 年 10 月，广州沦陷，随后番禺、南海、顺德一带相继沦陷。日军在珠江三角洲地区建立伪军政府，小洲的行政区域遂再次发生重大变化。为满足战时的需要，日伪政府将小洲从广州析出，改隶番禺县第二区。1940 年，日伪政府在广州地区进行了一次人口调查统计。根据此次调查，小洲村有男子 1600 人，女子 1760 人，小孩 840 人，合共 4200 人。①

简而言之，从清末至民国期间，小洲所属的行政区域因为政权的频繁更迭而不断发生变化。动荡的政治局势导致小洲自治化与军事化的程度不断提高。

二 李福林时期小洲乡团的发展

如果我们现在走进小洲，我们能从许多老人的口中听到小洲在民国时期的各种"威水史"②，而最为老人津津乐道的就是小洲人在民国时期如何挺着机关枪外出扒龙船。这一军事化的现象正是李福林统治时期小洲建设乡团的结果。因此，我们要了解小洲乡团建设的情况，就必须从李福林说起。

李福林，名兆桐，别号登同，广州河南大塘乡人，清末广州著名的绿林军首领。据冯自由的记载：

> （登同）性任侠，好抱不平。清末羊城附近南番顺各县多

---

① 《番禺各区人口数目统计》，《番禺县政公报》1940 年第 11 期，第 165 页。
② 威水史：粤语，即很厉害、很了不得的过去。

盗，剽掠以外，尤嗜械斗，大塘乡为众乡渊薮，乡人以登同得物不归私有，且分配公平，咸奉为头领。大塘邻近各乡有失物者，登同辄解囊以偿，颇有路不拾遗之风。每遇绿林间大事发生，登同恒指定聚会地点，召集各县头领赴会，各处头领见其信号，莫不惟命是听。①

因为经常在珠江三角洲一带打家劫舍、掳人勒索及勒收行水，李福林成为清政府打击的主要目标，曾被官府悬重赏通缉。1907年，因躲避清政府"清乡"，李福林逃亡南洋一带，在那里见到了孙中山，并通过洪门关系加入了同盟会。②

因李福林之故，大塘乡及其附近村落成为革命党人活动的重要据点。该乡的万馨茶楼是同盟会在广州的通信地点之一。1909年，黄兴等筹划策动广州新军反正，指派李福林负责率领各乡绿林军在外响应。因当时绿林军缺乏枪支弹药，故同盟会派特使李海云携款驻扎在大塘"专任购弹事"。革命党人在大塘乡附近频繁活动，使得孙中山对河南岛的乡村亦有所了解。在《建国方略》的南方大港地图中"小洲"之名赫然在列。

辛亥革命后，李福林及其福军成为河南的实际统治者。1911年8月武昌起义成功后，各省相继反正。李福林因应时势，号召所部组织民军，与南海陆领、三水陆兰清、顺德谭义等会师广州。李氏的这支军队后称"福军"，设司令部于海幢寺，成为河南的实际

---

① 《民国前之李登同》，冯自由：《革命逸史》（上册），新星出版社，2009，第336页。

② 何文平：《从绿林首领到市长——清末民初革命中的李福林》，《近代史研究》2011年第6期，第37~51页。

控制者。①

据何文平研究，在民初恢复社会秩序、巩固革命政权的斗争中，李福林及其统率的福军在珠三角一带负责清乡剿匪，表现出色。同时，李福林与广州绅商名流，如著名的士绅江孔殷、大航商谭礼庭、富户陈俊民等都有密切的交往。可以说，李福林的福军在民国时期是以河南为中心的一支重要的广州地方势力。②

为了防御盗匪，小洲村加入了李福林倡导的河南各乡联团。联团分设中东西三局，中局设在大塘乡的敦和市，先后由伍应祺和车松周主事。包括小洲村在内的八十二个大小乡村先后加入了联团。联团是一种松散的互助性质的乡村联盟。乡村加入联团的方法是，递交十元或百元不等基本金给联团局，再另外准备二三万元筹款，用其利息作为奖励花红和抚恤金。各乡村设团长或团董一名，根据乡村的男丁和财富状况酌情设团练数名，或数十名，甚至上百名。所有枪支、子弹以及团练的工食，由各乡村自筹。没办法自筹枪械的乡村，也可以缴纳一定资金在联团领取枪械。各乡的团练担任保卫乡村的重任，日夜巡逻，择要防守，每月还须联团会操两次。③联团就成为河南岛各乡村间最重要的互助事业。如果一个乡村在夜晚遇到土匪袭击，可以立即发出某种暗号，凡是加入了联团的邻村均会前往救援。在其他乡村事务中，比如修葺庙宇、开浚河道、防

---

① 《民国前之李登同》，冯自由：《革命逸史》（上册），新星出版社，2009，第337页。

② 何文平：《从绿林首领到市长——清末民初革命中的李福林》，《近代史研究》2011年第6期，第37~51页。

③ 《河南各乡团组织内容》，香港《华字日报》1924年3月19日，第3张，第12页。

御水灾、阻止流氓入侵、驱逐地棍①出境以及取缔各种伤风败俗之事，联团乡村也要相互协助。②

小洲村武装自卫的乡团活动一直持续到抗日战争时期。据广州市区游击第二支队（以下简称二支队）敌后抗日斗争逸事的记载，当时小洲、官洲、北亭、黄埔、琶洲、仑头等地，有不少"捞家"③设站收钱，甚至打劫来往客商。各乡村均有武装乡团保护，故不受"捞家"侵扰。二支队队员还曾多次到小洲、土华、仑头、官洲、南亭等地，与各乡团的武装领袖接触，开展统战工作，宣传二支队抗日救国主张和团结各方爱国力量的方针政策，要求他们支持协助开展征粮工作。各乡团初时采取敷衍应付态度，后经反复宣传教育并晓以大义，结果其为二支队筹集了不少抗日公粮。④

在民国社会动荡不已的背景下，小洲的乡团成为维持社会秩序的重要武装力量。其既是村民防御盗匪、武装自保的重要力量，也是抗日救国的民间力量。

三　水运交通与商业发展

在清末民国时期，尽管社会一直处于动荡的状态，但珠江三角洲的经济有一定的发展。在这一时期里，小洲因地处交通要道而坐

---

① "地棍"：即地痞、流氓、恶棍。
② 国立东南大学教育科乡村教育及生活研究所编印《番禺河南岛五十七乡村调查报告》，《东南大学教育科丛书》，1925，第16~17页。
③ "捞家"：无正当职业，善于在社会上混，靠不正当手段谋利的人。
④ 韩健：《北亭医疗站：广游二支队敌后抗日斗争逸事》，李齐念主编，广州市政协文史资料委员会编《南华烽火——纪念抗日战争胜利60周年专辑》，广州出版社，2006，第45页。

拥经济发展良机。前文已述，小洲村地处河南岛东南部，水道纵横交错，西江涌环绕村落，与四周河涌溪流连接。小艇可以四通八达，交通极为便利。民国时期，小洲水面船渡网络密集，一边是往省城广州方向，运输米粮、蔬菜、水果至米栏、菜栏和果栏；另一边是联络外乡，通过新洲、黄埔水道可以直下香港。当时最常见的交通工具，是靠人力划的小艇。用以载客的客艇，多搭竹篷以遮蔽雨水和日光，大艇可容十或十余人。用于载水果、蔬菜、稻谷、河泥的，称"果艇"、"菜艇"、"米艇"、"泥艇"或"马鞍艇"，体积较大，一般不搭竹篷。[1] 除人力艇外，也有使用机器动力的机动船。主要有三种：一种称为"轮拖"，即机动轮船后面加拖一艘或几艘人力船；一种称为"单行"，即机动轮船单独航行；另一种称为"车渡"，是指安装了发动机而无船篷的船只。在机动船尚不普及的时代，拥有一艘机动船是一个乡村富裕的重要标志。番禺著名的文人邬庆时认为，从各乡村船只的情况，大致可以推测一个乡村商业的兴盛程度。"有轮拖者为最，单行次之，车渡又次之。"[2] 有轮拖的乡村是商业最兴盛的，其次是拥有单行的乡村，再次是拥有车渡的乡村。据统计，番禺县各乡船只情况如下：

　　……计各乡共有轮拖六艘，新造二，沙湾、市桥、石碁、土华各一；单行三艘，新洲二、明经一；车渡三十一艘，石井三，大石、回龙、高塘、鸦岗各二，石碁、石岗、市桥、沙涌、明经、石楼、员岗、李村、沥滘、穗石、昌

---

① 梁溥：《广州河南岛的聚落地理》，《勷勤大学季刊》1935 年第 1 卷第 1 期，第 188 页。

② 邬庆时：《番禺末业志》卷四，铅印本，1929，第 4 页。

华、官洲、土华、小洲、新洲、程界、棠下、东圃、源村、公和各一。[①]

可见，当时小洲村及其附近的土华、新洲、官洲等村落都拥有一艘车渡，其商业发展程度大致相当。这些乡村并非墟市，但在近代商品经济贸易快速发展的大背景下，已呈现出繁荣的商业景象。

小洲村内有多条商业街，村外邻近官山墟和昌华市。连接登瀛码头的登瀛大街以及东庆大街、东道大街是主要的商业街，规模较大的商号有同泰店、恒昌店、同发店等。至今，小洲村仍保留有多间砖木结构的商铺，一边是整排可以拆卸的屏门，另一边是砌有半截砖墙的铺面，铺面下都有土地神龛，铺内有陈设商品的货架。小洲村内最重要的商品集散地是瀛洲码头，米粮、果蔬以船艇运载，在码头前交易后或运出省城，或载回村内。小洲村附近最重要的基层市场，是小谷围岛的官山墟和昌华市。时至今日，小洲村的老人们仍能回忆起从前去官山和昌华市"趁墟"的情景。大部分的生活物资，小到针头线脑、盐油酱醋、咸鱼豆豉，大到棺材、家具，样样在墟市中都有出售。[②]

小洲村商业之所以发展迅猛，一个重要的促进因素是番禺县商业整体的蓬勃。据《宣统番禺县续志》的记载，番禺各地皆有墟市，工商业聚集，经济发达。河南最为繁盛，有商店数千家、工厂数百家。凉茶庄如源吉林、王老吉等，每年皆有大宗货物运往美洲

① 邬庆时：《番禺末业志》卷四，铅印本，1929，第4页。
② 据2014年10月31日采访。

大陆和南洋群岛。^① 草席洋庄^②每年销往美国、法国和德国等国的货物总价值为银五十余万元。在广东对外贸易上占有一席之地。在各司的墟市中，商业最盛的是沙湾司的市桥，"有商店千余间"，其次是新造、东圃和高塘。新造为茭塘司的商业中心，最重要的商品是棉花、橄榄和番薯。东圃是鹿步司商业的中心，糖葛最有名。慕德里司的商业中心原为高塘，但自从粤汉铁路在江村设站后，所有商业中心渐有倾向于江村之势。另外，新洲商业亦盛，有商店百余家。民国时期，市桥、新造、东圃、新洲等地已经成为固定的商业贸易场所，与传统意义上数日一集的"墟"、每日一集的"市"已经有了本质上的区别。当时，贸易市场也开始出现专门化的趋势，有专售某一物的贸易市场，如新造的牛墟、黄陂的猪仔墟、市桥蔡边的布墟；也有特定时间开市的，如大塘的果市、南村的乌榄市、钟村和南村的花生市。更重要的是，劳动力市场也已经形成。城隍庙前有工匠市场，每天早上泥水、造木^③工人群集于此以待雇主。而南村沙市街每年正月初二早上则有佃农市场，打工耕种者群集以待雇，至十一时止。^④

四　农业耕作和糖寮榨蔗

因耕作条件优越，小洲在清末民国时期的经济生活较为宽裕。

---

① 沈琼楼：《广州市濠畔街和打铜街的变迁》，中国人民政治协商会议广东省广州市委员会文史资料研究委员会编《广州文史资料 第七辑》，广东人民出版社，1963，第 12~13 页。

② 草席洋庄：粤语，指生产草席用以出口的小型工厂。

③ 泥水、造木：粤语，指泥水匠、木匠。

④ 宣统《番禺县续志》卷十二，"实业志"，第 33 页。

小洲村的土地多是由河流冲积而成，土层厚、富含有机物，水量丰富但排水不易。这种冲积土区域多分布在河南岛的东南部及近河一带，极适合种植水稻和果树。据 1935 年的统计，冲积土区域的稻田 27163 亩，占全岛耕地面积之 36.39%，果园面积占全岛耕地之 19.3%。稻田或果园的四周，往往有河涌围绕，故必须筑造土堤以围蔽，叫做"基围"。[1]"围田以耕"在沙湾、茭塘两司非常普及，譬如大小籍围（今称为大小谷围）地名的来历就是"其地既低，耕者类皆筑土作围，以绕其田"。[2] 小洲村外至今也仍有"头围""二围""三围"的地名。基围一般是用泥土筑成，环绕成圈形。堤基阔约二公尺，近河地方较为宽大，内地则较为狭小。岛的岸边向河的一面往往要砌以石块，以防河水的冲溃。基围一方面可以防止汛水淹没田地或果园，另一方面也是田亩或果园之间的分界线。[3]

小洲村稻谷每年可耕作两造，早造清明前播种，谷雨前莳秧，立夏前耨草，大暑前刈禾；晚造在小暑前播种，立秋前莳秧，处暑前耨草，大雪前刈禾。早造常见的品种有香山白、红头秋、南海银粘；晚造常见的品种有黄粘、桂味粘，牛尾早、鼠牙粘、增城丝苗。其中丝苗极适合种植在含沙量大的冲积土区域。它成熟最晚，但是发育强健，产量高，能耐风、耐水，因此广泛种植于茭塘、沙湾两司的围田。[4] 小洲村等近河低地在夏季大雨时，常有汛水泛滥

---

① 梁溥：《广州河南岛的聚落地理》，《勷勤大学季刊》1935 年第 1 卷第 1 期，第 186 页。
② 宣统《番禺县续志》卷十二，"实业志"，第 1~2 页。
③ 梁溥：《广州河南岛的聚落地理》，《勷勤大学季刊》1935 年第 1 卷第 1 期，第 186 页。
④ 宣统《番禺县续志》卷十二，"实业志"，第 5~6 页。

一两次，但那时稻已将熟，故影响相对较小。

基围之上种植果树，既可巩固堤围，防御水流冲刷，又可增加收益。时人认为种果树是投入较少、见效较快的生产方式，"果园事业较为永久性，果树一经成长，每年即有收获，不过稍须人工灌溉及看护罢了"。① 因此，"围田种稻，基围种果"这种高效利用土地的耕种模式在清末民国时期已开始普及。基围所栽培的果树，一般为热带植物，如荔枝、龙眼、桃、李、芒果、香蕉、杨桃、番石榴及木瓜等。其中又以荔枝种植最为广泛，因为荔枝树矮小而浓密，不怕狂风吹袭，且产量相对稳定，价格比其他同期出产的水果更高，故广受果农青睐。例如1922年6月几种主要的水果平均价格如下：桂味荔枝16.5元，糯米糍25元，黑叶荔枝15.5元，而同期出产的南华李10.3元，红李5.2元，黄李4.54元，莺嘴桃6.52元，桃4.2元，葡萄4.05元，芒果10.3元，橙10.51元，马蹄3.75元，沙田柚2.4元，白榄3.4元。② 小洲及附近的北山、仑头、土华、沥滘、上涌、龙潭、大塘、瑞宝等乡村均以果木多而远近闻名。

除了果树，小洲村的田基上还种植甘蔗。清末民国时期，茭塘司甘蔗品种极多，有乌蔗、金山蔗、竹蔗、葵尾蔗、茅蔗、木蔗、蜡蔗、马矗蔗、山打根蔗、肉蔗等等。甘蔗种植面积多达5000多亩。小洲是主要的种植区，面积达1800多亩。种蔗的时间一般是每年清明前后下种，蔗苗用量约为每亩2000枝。临种时先用水淋湿土地，搅拌作泥泞状，然后将蔗苗放下，这样可确保蔗苗快速发

---

① 梁溥：《广州河南岛的聚落地理》，《勷勤大学季刊》1935年第1卷第1期，第186页。

② 《广州市农产品价格一览表》，《农事月刊》1922年第1卷第1期，第39~40页。

芽。每枝蔗苗行距 3 尺左右。种植蔗苗后要时常除草，并进行剥莢，以防田鼠、蚜虫啃咬。施肥可以使用花生麸、稀粪或河泥。在小洲使用河泥最为普及。因为河泥随处可见，价格最为低廉。一艘泥艇可以载湿泥 30 余担，连同培上蔗地的工价是 3.5~4 毫。另一种较大的马鞍艇，每次可载湿泥 60 担左右，连同培土的工价是 6.5~7.5 毫。培土既可以增加肥料，又能增加土地的湿润度，特别是干旱时，极有利于甘蔗生长。每年一般要培土两次，一次是在四五月间，一次在七八月间。每次培土的量视蔗田面积而定。每年收获的季节是冬至到清明期间。[①] 砍下的甘蔗被运至小洲村外蔗基附近的糖寮，作为榨蔗煮糖的原料。

榨糖业是小洲村在种稻之外的主要产业。清末民初，番禺县的土法制糖业颇为发达。茭塘司的小洲、土华、赤沙、西岗、北亭、沥滘、上涌、瑞宝、大塘、上滘、仑头、长洲、龙潭、黄埔、下渡、下滘、康乐等乡村共有榨蔗寮 70 余家，每年出糖约 7 万担（每担约合 100 斤）。而沙湾司共有榨蔗寮 80 余家，每年出糖约 8 万担。鹿步司共有十余家榨蔗寮，每年出糖约 1 万担。慕德里共有 20 余家榨蔗寮，每年出糖 2 万担。[②] 小洲村是在茭塘司最主要的糖业生产地，从事榨蔗的村民多达 28 户。每年榨蔗煮糖的时间是在冬至后至清明前，合计一百来天。榨蔗是在糖寮中进行，小洲村口现存的两个巨大石碾，就是榨蔗的主要部件。榨蔗之法以牛为动力，把巨大石碾上部打孔衔接，可以转动，再用一根大而微弯曲的木条钳在石碾间，再驱使两头牛拉动木条，使两石碾转动。这时将

---

① 《番禺增城东莞中山糖业调查报告书》，国立广东大学农科学院刊行，1925，第 21~23 页。

② 邬庆时：《番禺末业志》卷四，铅印本，1929，第 4 页。

甘蔗插入石缝，甘蔗便被石碾压扁，蔗汁顺着石下小沟流进预先挖好的汁坑。盛起蔗汁加以煮炼，便能得到各种糖品。当时常见的糖品有黑片糖、黄片糖、赤沙糖、洋糖、白糖、冰糖等。[①] 小洲的糖寮以生产片糖为主。一个糖寮可以同时使用十几头牛，安装多个石碾同时开榨。在这个过程中需要多人分工合作，砍蔗、运蔗、驱牛、放蔗、盛蔗汁、烧火、煮糖等合共二三十人。所以糖寮一般会招东莞或番禺附近有经验的工人。每逢开榨，日夜不停，轮班休息。每榨一次，需要消耗 80~100 亩的甘蔗。煮糖的大铁镬一般在广州市东山购买，一个重量有近 100 斤。每镬可煮蔗汁三桶，每桶约重 70 斤。而每镬可以炼出多少糖，就要看气候及蔗的品种了。通常金山蔗每镬成糖 44~45 斤，白蔗 40 斤左右，茅蔗仅得 35~36 斤。在煮糖季节，一个糖寮每天日夜不停，可以煮 22~27 镬。小洲的 28 家糖寮每年出产糖量达 220 万斤。[②]

20 世纪 30 年代广东省政府提倡糖业复兴计划，极大地推动了小洲村的甘蔗种植。1932 年私立岭南大学农学院教授冯锐提出"复兴广东糖业计划"，建议采用建立大规模糖厂、改良推广甘蔗新品种、贷款给农民作生产资金、垄断糖业流通等措施将广东建成一个糖业大省。这个计划被陈济棠采纳，并任命冯锐为农林局长，执行复兴糖业计划。自 1933 年起发展糖业成为广东工业和农业经济发展的重中之重。一时间全省掀起种蔗的高潮。番禺、顺德、香山、东莞、惠阳成为甘蔗新品种的主要种植区域。[③] 种蔗前期投入

---

① 邬庆时：《番禺末业志》卷四，铅印本，1929，第 5 页。

② 《番禺增城东莞中山糖业调查报告书》，国立广东大学农科学院刊行，1925，第 21~23 页。

③ 吴建新：《试析近代工业和近代农业的关系——以近代广东的蔗糖业为例》，《华南农业大学学报》（社会科学版）2005 年第 1 期，第 127~134 页。

成本较高，普通农户种果蔗 3~4 亩，成本需要 300~400 元。高成本极大地阻碍了农民种蔗的热情。[①] 针对此种情况，农林局在主要蔗区推广以农业贷款方式向农民供应良种和化肥，不仅降低了农民采用先进农业技术的门槛，而且打破了旧的金融流通方式，极大地刺激了农民种蔗的积极性。至 1934 年，广州附近的蔗区贷款种植的甘蔗面积增加了 2 万余亩。[②]

五 太公田和农民生活

民国时期，小洲村民大部分是从事农业生产的农民。据陈翰笙在 1934 年调查，小洲共有 420 户村民，其中拥有土地的自耕农有 88 户，而没有土地的佃农有 235 户，雇农有 13 户。也就是说，依赖农业生产为生的村民共有 336 户。[③] 其他村民则经营各种小商业，包括米店、杂货店、食品店、茶馆、铁匠店、理发店等商铺。[④] 当然，土地分配关系并不能说明农民的经济情况，一家拥有耕地很少的自耕农可能比一个租种大片耕地的雇农要贫穷得多。村民租种耕地主要是"太公田"。太公田又称为"族田"、"祭田"或"蒸尝田"，指的是登记在某个太公名义下的土地。这种土地的收入除了用以祭祀、修缮祠堂，一般还用于资助族中子弟读书和参加科举考

①　陈翰笙：《广东的农村生产关系与农村生产力》，中山文化教育馆，1934，第 52 页。
②　吴建新：《试析近代工业和近代农业的关系——以近代广东的蔗糖业为例》，《华南农业大学学报》（社会科学版）2005 年第 1 期，第 127~134 页。
③　《番禺 69 村村户中自耕农、佃农和雇农底户数统计》，陈翰笙：《广东的农村生产关系与农村生产力》，中山文化教育馆，1934，第 73 页。
④　国立东南大学教育科乡村教育及生活研究所编印《番禺河南岛五十七乡村调查报告》，《东南大学教育科丛书》，1925，第 18 页。

试、颁发胙肉和米粮给族中老人、救济族中贫困残疾家庭等。[①] 太公田是当时常见的一种耕地占有方式。据在番禺六十一个非沙田区乡村的通信调查，太公田约占耕地 40%，其中有十个乡村高达70%。而这个比例在沙田区还要更高些。[②]

村民租佃太公田一般在每年的正月，在祠堂进行公开投票，价高者得，称为"投墨"。投得后村民须一次缴足租金，租期一般为一年，期满后再另行批租。这种批投方法同样适用于租佃鱼塘、果园、林场等。不过鱼塘、果园和林场的租期一般会比批田更为长久些。这种公开投墨至今依然保留在小洲村的龙舟仪式上。租金可以缴纳钱租或缴纳谷租。小洲村太公田的谷租为每年每亩田 3~4 担谷。但缴纳钱租也比较普及。在 1938 年前，谷价低平，每年每亩租金为十余元；而 1938 年后，谷价腾贵，每年每亩租金陡增为百数十元。[③] 如果向私人租佃耕地，租金则高得多。有些私人租佃定额谷租要占到产量的 55%~60%。[④]

除了缴纳地租外，农业生产还有各种附加税捐。地租是缴纳给地主，而税捐是由各层级政府征收的。20 世纪 20 年代，番禺县农田本身的税捐平均每亩须纳 0.5 元左右，至 20 世纪 30 年代增加到每亩将近 1.5 元。到日占时期，每亩田每造缴纳地税为军票 60 钱。

---

① 陈翰笙：《广东的农村生产关系与农村生产力》，中山文化教育馆，1934，第13 页。

② 陈翰笙：《广东的农村生产关系与农村生产力》，中山文化教育馆，1934，第15 页。

③ 据 2014 年 11 月 1 日采访。《本县经济事项调查报告书》，《番禺县政公报》1941 年第 20 期，第 129 页。

④ 陈翰笙：《广东的农村生产关系与农村生产力》，中山文化教育馆，1934，第33 页。

农产品更是"无货不捐"。当时，广东省政府及各县所征收的大部分的税捐承包给商人或公司去征收。诸如油行、麻行、猪栏行、鲜鱼行、咸鱼行、京果海味捐、生猪出口捐、屠牛牛皮税等。这种包税制无形中增加了农民的负担。因为税商征收的数额往往高于缴纳予政府的数倍或数十倍。税捐过高，导致农业生产成本大大增加。例如，猪糠因税捐重而不断涨价，1933 年广州附近的农民每卖生猪一头所得的收入还不能抵偿猪糠的价格。甚至连用作肥料的豆麸也要纳捐，1934 年每块豆麸的价格是 1.6 元，而税捐须付 0.5 毫。此外，每个设有乡团的乡村还须缴纳"更谷"，即看守更夫及团兵的薪金。[①]

沉重的租税负担使得许多农民身兼多业，有时还须依靠借贷。民国时期，半数以上的农户必须兼当苦工、小贩、小店员或出外当兵。[②] 此外，借贷现象也比较普及。据陈翰笙在 1934 年调查，小洲村负债农户占农户总数 20%。但当时番禺县 74% 的乡村负债农户高达 70% 以上。[③] 这说明小洲村农户的生活比周围其他乡村要好一些。一般农户借债，冬季多借谷或借粮；春季下种时则多借钱。但随着商品化程度的提高，借现款日趋盛行。[④] 乡民借贷的对象有三种：第一种是向宗族族产借贷，一般要以土地房屋作抵押品，书立

---

① 陈翰笙：《广东的农村生产关系与农村生产力》，中山文化教育馆，1934，第39~44 页。《本县经济事项调查报告书》第 20 期，《番禺县政公报》1941 年第 20 期，第 129 页。

② 陈翰笙：《广东的农村生产关系与农村生产力》，中山文化教育馆，1934，第64 页。

③ 陈翰笙：《广东的农村生产关系与农村生产力》，中山文化教育馆，1934，第48 页。

④ 陈翰笙：《广东的农村生产关系与农村生产力》，中山文化教育馆，1934，第49~50 页。

借约交予债权人收执，每百元取月息数厘，最高不会超过二分，期限清偿，或分期本利偿还。第二种是向私人借贷，若有土地作为抵押，利率比族产稍高；但若无土地抵押，则利率会高达三四分或一毫不等。第三种是向乡村借贷会借贷，"合伙做会"是指乡村民众为某种目的而自发组织的借贷组织，有祖祠会、神会、公益会等名目。[1] 现年94岁的简婆婆回忆，小洲北帝庙就有做会。[2] 冯锐认为做会是"河南岛最通行最有用的私人乡村借贷组织"。据他在1924年的调查，做会的办法如下：

> 借贷会之会首或为一妇人或为一男子，在村中会首大概由一妇人当之。会首首先自决当时需款若干，然后决定会款之多少，会期之长短及会员人数。会款总数之多寡，一由彼决定；会期长短不一，或为一星期，或为十日，或为一月，或为三月，或为十月，或为一年或二年，最长者为五年或十年。会员数亦由彼决定。例如欲立一每月10元借贷会，第一月共有会员二十人，彼可向各会员各收洋10元，共得200元。至第二月会期日，由彼召集全体会员于一地，向每人要一纸票，票上书明折扣之多少，折扣最大者即得会。如会员甲愿予2.5元折扣，会员乙愿予3.5元折扣，丙愿予1.5元折扣，丁4.2元。其余会员自戊以下之折扣皆在4.2元以下，则丁之折扣最大，丁即为该月收会者。会首负收集会款之责，向各个会每人收5.8元（10元~4.2元）。丁除外，再加会首应出之10元，此

---

[1]　《本县经济事项调查报告书》，《番禺县政公报》1941年第20期，第130页。
[2]　据2014年11月1日采访。

数即第一月彼向丁所收得之数。此时会员丁共得洋 120.20 元。

至下一月会期，再由会首召集开会一次。若此次集会会员辛愿予 4.40 之折扣，为此次折扣最高之数；则会首即向各会员每人收洋 5.60 元，丁与辛除外。再加向丁收得之 10 元及会首自己之 10 元，一概交辛。辛所得之总数为 120.80 元。

该会如此进行，每逢下月会期集会一次，直至第二十个月，最后一人壬，得末会，共得洋 200 元。该次会款除向会员每人收 10 元外，会首自己亦出 10 元。末次集会之后，会即散，会首之义务亦至此告终。[①]

据此推算，冯锐认为做会对于存款与借款两方面都是有利可图的。"有急用之人愿出重利得款，则常能得会款，无急用之人，只须在开会时纸票上书极低之折扣，将自己之款存入，而得他人之重利。"[②] 因此，做会对参会者是公平的，参会不须抵押品，人们所相信的是参与者的信用。

六　新式教育与新式婚俗

清末民国时期是一个新旧交替、并存的年代，旧传统与新观念共存于小洲村民的日常生活中。这一状况又体现在教育和婚俗方面。

---

① 国立东南大学教育科乡村教育及生活研究所编印《番禺河南岛五十七乡村调查报告》，《东南大学教育科丛书》，1925，第 46~47 页。

② 国立东南大学教育科乡村教育及生活研究所编印《番禺河南岛五十七乡村调查报告》，《东南大学教育科丛书》，1925，第 47 页。

在民国时期，小洲村在延续着旧式私塾教育和传统婚俗习惯的同时，开始出现新式的教育和婚姻习俗。小洲村的私塾被称为"卜卜斋"。"卜卜斋"开设在简氏大宗祠，全村简姓的子弟均能免费入读。直至20世纪20年代以前，私塾教育仍是河南岛乡村地区最重要的教育方式。据1925年统计，全岛乡村仅有2间新式小学，而私塾则达161间之多。① 1940年日占时期，小洲村所在的第二区，新式小学数量稍有增长，公、私立小学各有7间。② 但小洲村此时仍未有新式小学。直至抗战结束以后，小洲村才有新式教育。

1947年简氏大宗祠被改为村办小学，是为小洲新式教育之始。现年77岁的简树坤就是当时最早接受新式教育的学生。时隔半个多世纪，他仍清楚记得当时的教室是用木板将嘉告堂大厅间隔而成，书桌、纸笔墨、书本都是"太公置办"。当时全校六个年级合计有30多个学生，教职员约10人。开设的课程包括国语、算术、音乐、体育、自然、历史等。其中两个主要课程：一是国语，教唐诗、古文；二是算术。两个课程的大考合格，即可升一级。③ 与此同时，亦有部分愿意接受新式教育的村民选择外出上学，其中不少学有所成。

第一位在新式教育下学有所成的是简文昭（1874~1951）。文昭，字彬岩，号恩崇。文昭的父亲简肇暄在小洲开设博济堂药店，

---

① 国立东南大学教育科乡村教育及生活研究所编印《番禺河南岛五十七乡村调查报告》，《东南大学教育科丛书》，1925，第36页。

② 番禺县第二区共有黄埔乡、大街乡、水门乡、明经乡、石楼乡、岳溪乡、胜洲乡等七间乡立小学，沙亭、市头、员岗、琶洲、赤山等七间私立小学。见《番禺县中小学校廿九年度上学期概况表》，《番禺县政公报》1941年第13期，第144~145页。

③ 据2014年10月18日采访。

他幼年随父学医习文，深受传统儒学经典教育的熏陶。成年后，文昭通过了番禺县试并获得秀才的身份。①　文昭毕业之时，正值清末新政时期，全国各地纷纷呼吁废科举、办学堂。光绪二十九年（1903年），广州知府沈传义在省城小北门内兴办广东法政学堂。②文昭遂以邑庠生（县学的学生）的身份进入该学堂政治特别科乙班学习。宣统元年（1909年）四月毕业后，地方政府奉旨奖予文昭副贡，以州判补用。在新式教育培养之下，文昭展示了自己卓越的司法律政才能。宣统二年（1910年），他在京试取中第二十七名法官，诏以七品推事检察官，分发广西补用。宣统三年（1911年），文昭任梧州地方检察厅检察官，旋调署桂林地方。民国二年（1913年），文昭署广东澄海地方审判厅厅委代理推事。民国四年（1915年），文昭改任广州地方检察厅检察官。民国六年（1917年），获北京政府司法部核准颁发律师证。③　此后文昭一直在番禺从事律师工作。根据史料记载，简文昭为人正直，胜讼极多，"凡有求讼者，必先劝其息讼，再则视其是否理直，然后相助，从不为图报酬，而歪曲事实，颠倒是非，是以讼多胜诉。倘遇枉法者，判决不公，则必据理上诉力争，从不屑为贿以利小人所欲也"。④　事业上的成功在带来财富之余，也使得文昭更明白新式教育的重要性。

　　在简文昭的影响下，其子孙陆续接受新式教育。一批保留下来

---

① 简华矩：《简文昭传》，稿本，时间不详，第1页。

② 宣统《番禺县续志》卷四十二，"前事"，第12页。

③ 参见宣统《番禺县续志》卷十七，"选举三"，第5页；《粤东简氏大同谱》卷三，"进士谱"；《谨将本年一月起至六月底止法官因案由部处分各员列表缮呈钧览》，《政府公报》1915年7月13日，第1142号，第27页；《司法部批第四三号原具呈人叶夏声等呈一百三十二件请核给律师证书由》，《政府公报》1917年1月30日，第379号，第21页。

④ 简华矩：《简文昭传》，稿本，时间不详，第4页。

的毕业证书等资料清楚表明了文昭后人在广州的小学、中学、民众教育馆等学校的求学经历。文昭娶妻黎氏（仑头人，1873～1943），不育；续娶陈氏（西樵人，1895～1972），生四男六女。

现存最久远的一份毕业证书是 1930 年 5 月 31 日的《中华女界联合会立平民学校毕业证书》。该证书由中华女界联合会立平民学校第七学校校长高淑真签发，是颁发给简华骥的。华骥是简文昭第三子，行六，生于 1920 年。①华骥在中华女界联合会立平民学校第七学校念小学，十岁时在该校修业期满，成绩及格，获准毕业。中华女界联合会 1919 年由徐宗汉（黄兴的夫人）等发起成立于上海。该会以"拥护女子在社会上政治的及经济的权利，反对一切压迫"为宗旨；并制定了争取妇女平等解放的纲领。内设教育部、宣传部和工会组织部。在 1921 年 12 月，该会创办了平民女子学校。②此后，陆续在各地开办平民学校。

第二份毕业证书属简华矩的，是 1931 年 8 月由广州市市立第二十一小学校校长范曾涣签发的毕业证。华矩是简文昭第二子，行四，生于 1916 年。③华矩在市立二十一小学念后期小学，十五岁时第四届修业期满，成绩及格，获准毕业。该校在抗战前位于广州的司后街，共设有 16 个班级。④

第三份毕业证书来自禺山中学的材料，该材料包括一份《禺山中学校证明书》、一份《毕业证书》及一份《中学毕业会考及格

---

① 据 2015 年 9 月 2 日采访。
② 《中华女界联合会》，张宪文、方庆秋等主编《中华民国史大辞典》，江苏古籍出版社，2001，第 263 页。
③ 据 2015 年 9 月 2 日采访。
④ 《广州市市立小学一览表》，《广州近百年教育史料广州文史资料专辑》，广东人民出版社，1983，第 256 页。

证明书》，均属简华矩的，其时年十八。均由校长陈善伯签发，时间为 1934 年 7 月和 9 月。《禺山中学校证明书》的内容是呈送给教育厅的修业证明，证明华矩在禺山中学初中修业期满，可以参加毕业会考。《毕业证书》写明华矩在禺山中学初级中学修业期满，经参加中学毕业会考得总平均分 70.8，核明成绩及格，准予毕业。而《中学毕业会考及格证明书》则写明华矩本学年在禺山中学初中级修业期满，经参加中学毕业会考得总平均分 70.8，合格，经奉广东省教育厅令在案，合予发给证明书。私立禺山中学前身为宋代嘉定年间所创立的禺山书院；1903 年，书院制被废除后，改办番禺官立高等小学堂；1909 年，改办番禺官立初级师范学堂；1912 年，改为番禺县立师范学校；1927 年，改为番禺旅市师范学校；1929 年，增设中学部，办完全中学。1932 年，番禺县政府迁往新造乡，番禺旅市师范亦迁出广州市区，以原址改设私立禺山中学（现市文化局地址）。[①] 据 1935 年统计，该校开设有 12 个班级，共有学生 733 人，教职员 62 人，是广州市内规模较大的中学之一。[②]

　　第四份毕业证书是广东省立民众教育馆馆长黄麟书和星期学校校长黄宗京联合签发的《证明书》，时间为 1936 年 3 月 30 日。该证明书也是颁发给简华矩的。华矩当年二十岁。该书证明华矩在省立民众教育馆的星期学校的簿记研究班修业期满，考查及格，准予毕业。广东省立民众教育馆成立于 1934 年 3 月，"以实验及推行各

---

① 《中学教育》，中国人民政治协商会议广东省广州市委员会文史资料研究委员会编《广州近百年教育史料广州文史资料专辑》，广东人民出版社，1983，第 186 页。

② 《番禺县中等学校一览表》，番禺县政府总务科编辑处编《番禺县政纪要》，番禺县政府总务科庶务处，1935，无页码。

种民众教育事业并辅导各县民众教育之发展为宗旨"。该馆自成立后即开展各项民众教育事业，包括语文教育、生计教育、康乐教育、公民教育及辅导办理民众教育等。星期学校是公民教育的活动之一，为有志求学而无充分时间的民众而设的。每星期只修一门课，每星期日上课三小时，以修课达三十六小时才准予结业。内容以简单、适用技能为主，目的是让学习的人能够获得一门谋生技能。星期学校先后开设了应用文牍班、应用算术班、商业簿记班、救护班及簿记文牍研究班等。[1] 华矩所上的就是星期学校的簿记文牍研究班，即学习会计专业。

新式教育的出现，与新政权的建立有着密切联系。中华民国的政权性质与清王朝的政权性质截然不同，属现代民族国家。为巩固新政权，新政府必须在社会范围内通过教育等途径推广新的国家观念。小洲人正是在这样的大背景下接受新式教育。这是一个相互作用的过程。新政府新式教育的推广，使小洲人成为新政权的支持者。另外，小洲人通过接受新教育在新政权下谋求到了发展空间。民国以后，小洲涌现了许多在地方事务上颇具影响力的精英，正是新式教育推广的结果。

政权更迭对小洲日常生活的影响，除体现在教育上，还体现在婚姻上。新政权建立以后，十分注意强调对家庭合法性的掌控，新的婚姻证书逐步进入民众的生活。明清时期，小洲村传统的婚嫁，采取以"父母之命，媒妁之言"为主要特征的聘娶婚制。但清末以后，社会各界开始提倡"文明结婚"，采用新式婚礼。简文昭家

---

[1]　熊文渊：《抗战前的广东省立民众教育馆》，《海峡教育研究》2014 年第 3 期，第 62~69 页。

族也接受新式婚俗，正是婚姻变革的一个典型个案。该家族保存的
两份《结婚证书》如下。

第一份《结婚证书》显示日期是 1942 年 12 月 15 日，结婚的男
方是简华矩，时年二十六岁；女方是邓志君，时年二十二岁。邓志
君是广西人，也曾受过新式教育，是一名护士，与华矩的妹妹是同
事。① 当时他们的介绍人是蒋元培和陈文馨，证婚人是冯廷瓒，主婚人
是简文昭和邓懿贞。举行婚礼的地点是在广州市太平沙南园大酒家。

第二份《结婚证书》显示日期是 1944 年八月初九（9 月 25
日），结婚的男方是简家麒（简华骥），时年二十三岁；女方是徐
秀珍，时年十六岁。他们的介绍人是简树芳，证婚人是冯廷瓒，主
婚人是简文昭和冯合。证书上还有一句非常古朴典雅的证词："看
此日桃花灼灼，宜室宜家，卜他年瓜瓞绵绵，尔昌尔炽。谨以白头
之约，书向鸿笺，好将红叶之盟，载明鸳谱。此证！"

可见，当时的结婚证书颇有新旧结合之风，体现出民国时期婚
俗的变化。首先，在民国时期，结婚无须进行法律登记，但结婚证
书仍是婚姻合法的有效依据之一。其次，介绍人不再是媒人，而是
生活中熟悉的亲友。再次，证明双方婚姻合法的除了双方的父母，
还增加了证婚人，并且证婚人一般是社会地位较高的人物。在上述
两份结婚证书中都出现的证婚人冯廷瓒，是当时一位比较著名的律
师。② 最后，富裕的家庭举办婚礼的地点不再是乡村的祠堂，而是
城市里的大酒家。

清末民国时期，小洲人在婚姻仪式方面的变化，折射出了村民

① 据 2015 年 9 月 2 日采访。
② 据 2015 年 9 月 2 日采访。

对生活的新理解。作为家庭基础的婚姻制度，其合法性发生了根本性的变革。在传统时期，国家并不介入民众的婚姻生活。婚姻的合法性取决于父母的认同与合乎传统礼仪习俗。但到了民国时期，婚姻的合法性成为新国家权威的来源之一，婚姻证书成为婚姻合法的证明之一。在清末民国的过渡时期里，小洲人的婚姻生活出现了新旧权威并存的现象。小洲人将新的婚姻方式逐步融入自身的生活中，创造了新的生活方式。

简而言之，清末民国时期是复杂而多变的年代。政权的更替、社会的自治、经济的发展、生活习俗的变革等因素，组成了时代变迁的宏大画面。在大变革的时代中，小洲人表现出了高超的生活智慧，其将传统与现代、国家与地方、城市与乡村巧妙地结合，在困境中开创新的生活局面。

第四章
扒龙船与地域社会的构建

　　"扒龙船"是小洲文化的重要组成部分,其形成、发展于清代与民国时期。如前文所言,在宗族社会构建的过程中,为应付盗匪等社会问题,小洲人以宗族关系为手段、水路网络为依托,通过扒龙船与许多同姓村落发展出联盟关系。本章拟对扒龙船仪式作细致探讨,以便我们进一步理解清代、民国时期小洲人如何借助文化构建地域关系网络。

　　水路网络,是扒龙船的基础。小洲村濒临珠江河畔,与诸多的岭南水乡一样拥有悠久的龙船传统文化。河南岛东南部水道交错,密如蛛网,一部分为天然的河流,另一部分则是人工开凿的水道。大体上说,在珠江前航道的黄埔涌由河南岛北部入口,分为两支:一支向东行,由黄埔村附近出口;另一支则向东南流经花岗与松岗之间,名为赤沙滘,至石榴岗东南会合南部诸水道而入珠江南支。岛的南部是珠江后航道,又有"沥滘涌"。岛内还有各种大小不一、人工开凿的沟渠,纵横交错。[①] 围绕着小洲村的两条河涌,称为"西江涌"和"细涌",均流经瀛洲古码头,

---

① 梁溥:《广州河南岛的聚落地理》,《勷勤大学季刊》1935年第1卷第1期,第185页。

汇入官洲河面。小洲村北约、南约和中西约的简氏宗祠都濒临河道，面涌而建。河涌环绕的地理环境使得舟楫在水乡人们的生活中不可或缺，既是出行必备的交通工具，也是交际往来、情感交流的桥梁。每年的端午龙船活动正是这种重要性的体现。至今，村中仍流传着不少关于龙船的故事，一种说法是新中国成立前小洲人每年扒龙船都是架着机关枪去的；另一种说法是小洲的九条龙船出去，十条龙船回来，即抢夺了一艘龙船带回来之意。每当村民们讲起这些"架势"（粤语，意为"厉害"）的故事，脸上掩不住的都是笑意。这些故事反映了小洲村在民国时期的兴盛。

一 仪式与乡村经济

扒龙船在小洲这样的水乡是一种隆重而庄严神圣的民俗活动。龙船有两种船型，一种称为"传统龙"，另一种称为"细龙"。"传统龙"长9丈（约30米），可以乘坐70~80名男丁；"细龙"，即国际标准龙船，乘坐22~23人。这两种龙船都是由番禺大石上滘制作的。上滘造龙船已有140多年的历史，素以"样式好、密度高、扒得快、够坚牢"而驰名于珠三角地区。[1] 在过去，购置一条新龙船是一件非常神圣的事。据老人回忆，新龙船下水的时候，必会挑20~30名青年带上准备好的新挠桨到船坞去请龙归村。下水前，"要拜一轮神仙，又要烧一轮炮仗，又要请喃呒先生来为新龙点睛，

---

① 屈九、可张：《番禺龙船杂谈》，广州市番禺区政协文史资料委员会编《番禺文史资料第17期番禺民间艺术集锦》，广州市番禺区政协文史资料委员会，2004，第164页。

又要洒过圣水，这样才能够落船"。① 下水后，将本村村庙中的"神"请到船上，指派专人"扶神"。这样才能划回自己家乡。

除了"起龙"，小洲的龙船活动集中在农历五月初的一周里，是全村共同参与的盛典。一般活动安排如下：四月初"起龙"，五月初一采青，五月初二接景，五月初三至初五外出探亲，五月初六男孩划龙船，五月初七"藏龙"。其间，小洲村民分为北约、东约、南约、中西约参与活动。每个约是一个独立的经济核算单位，有各自临时组织筹备的"龙船会"。该会会员一般是各约经济合作社的社长。譬如中西约是第十、十一、十二、十三、十四经济合作社所在地，龙船会的主要负责人即是各社的社长。龙船活动是全村男女老幼共同参与的一个盛大节目，参与者各有分工。可以参与划船的是简姓的成年男子，上船后或敲锣打鼓、或充当桡手，或为揸胎（掌舵人），或扶神、摇长幡、放鞭炮。同时，这也是所有男丁的责任和义务。一个男丁如果不去扒龙船，会被同龄人耻笑，也会被家长责骂。② 而上了年纪的男子一般不再上船，在岸上充当仪式指导，或在接景时充当"接锣"招引龙船。妇女不能上龙船，一般负责拜神及充当后勤，如做好烧龙船茶、派龙船饼、安排"龙船饭"等事宜。为了人身安全，小孩一般不上龙船。但在五月初六会安排所有男孩上船体验。这种安排显然是有意识地培养孩子对于龙船活动的认同感。

每年四月初，龙船会就要召集人"起龙"，即将龙船从深涌淤泥里挖起、洗净。故民谚有云"四月八，龙船透底挖"。③ 清末民

① 据 2014 年 11 月 29 日采访。
② 据 2015 年 6 月 17 日采访。
③ 据 2014 年 11 月 29 日采访。

国时期，起龙后即要到姚大总管庙中去"请龙"。该庙供奉的是明代洪武乙丑（1385 年）进士姚观文。据姚氏族谱记载，姚观文官直隶监察御史、经略大总管。他生平"孝友渊睦，矜穷恤困，解衣推食，当时咸称"。因此在他死后，人们便在瀛洲之阳（小洲村北面）立庙供奉，"绘塑真容立庙祀，致敬为感应威灵姚大总管之神焉。"① 解放后姚大总管庙被拆毁，请龙的仪式也就随之而逝。② 起龙后龙船要晾干、上油、修饰，放置在祠堂门口，等待五月初一的正式活动。

在小洲村，五月初一是龙船装龙头、采青的日子。装龙头前先得"点龙头灯"，即用小刀割下公鸡鸡冠的一角，然后用事先沾过生姜的毛笔（寓意"生生猛猛"）沾上鸡冠的鲜血点在龙眼上。接下来是拜龙头仪式：先烧几串小炮仗，然后在龙头前摆上一个装满供品和两张神符的竹筐，然后焚香祷祝、再烧炮仗，最后将龙头安装到龙船上，并将神符分别贴在龙头和龙尾。随后要对龙船进行装饰。每条龙船得配置一个大鼓、四个锣架和各挂铜锣一面，每面铜锣配刺绣罗伞一顶。船头与罗伞等距的船舱中还设一个木制小神龛，称为"门官庵"。神龛亦配刺绣罗伞一顶。在大鼓旁则是一面长幡，而头锣架和二锣架之间是一面黑底白字的姓氏旗，上书"瀛洲简氏"。有时还会放置一面黑底白色的七星旗，象征本村的主神北帝。在龙头、龙尾位各有 4 面红色小长条标旗，上书"瀛洲飞龙"。装饰好的龙船大张旗鼓，神采奕奕。到探亲时，龙头、龙尾、锣架、打鼓的位置都是要通过"投墨"的方式来竞投，恰如

---

① 《番禺姚氏先贤立目和列传》，见姚斌的博客，http：//blog.sina.com.cn/s/blog_ 6c1c123a0100t6ut.html，浏览时间：2014 年 10 月 18 日。

② 据 2014 年 10 月 18 日和 2015 年 6 月 20 日采访。

租佃"太公田"的竞投方法。装饰好的龙船就可以去采青了。将龙船划出码头，直达村外河边，就地采拔岸边上的树叶或野草挂于龙头、龙尾，表示龙"吃青"。之后，一路敲锣打鼓，边放鞭炮边扒回码头，便大功告成。据说以前采青是要到稻田里采几株禾苗，但如今已无稻田，只好采些树叶或野草代替。①

图 4-1　采青

资料来源：课题组拍摄。

采青后不同约的龙船会在村内的河涌来回划行，互相拜访祠堂，而这恰好成为展示村内各约人口与经济实力的场合。小洲村的传统龙船以约为单位，分为东约、南约、中西约、北约四条大龙船。例如中西约龙船的路线是从西溪简公祠出发，沿河涌方向到达

① 据 2015 年 6 月 16 日采访。

瀛洲古码头，经过简佛祖庙，抵达简氏大宗祠，再经东池简公祠，然后回龙，再至瀛洲古码头，最后回到西溪简公祠。每到一个祠堂前，龙船便要烧炮以示来访，而岸上村民也要烧炮表示欢迎，场面极为热闹。此时村内各约暗地里会相互比较桡手和炮仗的多寡，这正是村中各约人口与经济实力的体现。一条传统龙船长 9 丈（约30 米），可以乘坐 70~80 名男丁。因而，从一艘龙船上桡手的多寡可以看出一个约人丁的兴旺程度。另外，龙船活动除了持续供应茶水、龙船饼、龙船饭，还要燃放大量鞭炮、制作彩旗标语以及租赁指挥船只等，需要耗费大量金钱。因此，一个约的经济状况往往决定了龙船活动的盛大与否。例如 2015 年中西约龙船活动获得的捐赠和赞助高达近 9 万元，明显高于其他各约，所以他们燃放的鞭炮最大亦最多。当然，龙船活动更重要的是在一个更大水域范围内体现出小洲村与其他乡村的关系。

二　龙舟活动与地域社会

小洲村的龙船活动水域涵盖了珠江前、后两航道周围的五十多个乡村。包括河南岛上的小洲、土华、仑头、赤沙、石榴岗、龙潭、新村、大塘、上涌、沥滘等 10 个乡村，珠江后航道南岸的大石、新基、员岗、陈边、板桥、市头、曾边和新造等 8 个乡村，官洲水面的官洲、北亭、南步、贝岗、赤坎、南亭、长洲等 7 个乡村，黄埔水面的新洲、新村、石基、华坑、下沙、塘口、鱼珠、石溪、珠村等 9 个乡村，珠江前航道沿岸的琶洲、沙溪、宦溪、东圃、黄村、车陂、棠下、程界、员村、谭村、渔村、猎德、冼村、石牌、寺右、杨箕等 16 个乡村。端午期间，这些乡村的龙船你来我往，相互探亲趁景。

"龙船景"指的是各地有龙船的乡村按当地自然地域、潮汐而约定在某月某日进行龙船竞赛或相互探访。龙船聚集的地方，谓之"景"，又有大景小景之别。清末民国期间茭塘司著名的龙船景有五月初一新洲景、五月初二官山景、五月初三市头景、五月初四新造景等。其中又以官山景和新造景最为热闹。官山是邻近小洲村的一个墟市，隔河与官洲对望，河面宽阔而水流缓慢，有利于龙船聚集，且河两岸可容纳上万观众。因此鹿步司、慕德里司以及东莞等各地的龙船都会来趁景。新造在 1932 年成为番禺县府所在地，江面宽阔，江岸线长，成为禺南最有号召力的龙船竞渡场地。据说民国年间严博球任县长时，在新造景招赛，有百多艘龙船参加竞渡，观看者有数万人之众。① 时至今日，各乡村仍保留了趁景的习俗。农历五月初一"深涌景"，接景的是东圃、珠村、黄村等乡村；五月初二"仑头景"，又称"官山景"，接景的是小洲、仑头、土华、官洲等乡村；五月初三"龙溪景"，又称"车陂景"，接景的是车陂等乡村；五月初四"下沙景"，接景的是文冲、庙头等乡村；五月初五"广州景"，接景的是猎德、石牌、冼村、杨箕村等乡村。②

龙船探亲趁景实际上是乡村间缔结联盟，互相来往、联络感情的一种方式。为了获得更好的生存资源，不同乡村间通过各种方式缔结联盟——或是通过宗族血缘，或是通过婚姻关系，或是通过相互救助。这种关系会体现在称呼上，与本村关系最为紧密的盟友互

---

① 梁谋：《番禺龙船习俗》，广州市番禺区政协文史资料委员会编《番禺文史资料第 17 期番禺民间艺术集锦》，广州市番禺区政协文史资料委员会，2004，第 176~177 页。

② 见小洲村龙船宣传资料。

称"兄弟村",与本村关系较为疏离的称为"老表村"。在龙船探亲过程中,与这两种村落互动的礼仪也是明显不同的。兄弟村之间会互拜祠堂,开席宴请"龙船饭";老表村之间则互送拜帖,上岸休息、吃茶点。

图 4-2 小洲龙舟前往琶洲探亲

资料来源:课题组拍摄。

小洲村的"兄弟村"有两个,一个是车陂村,一个是下沙村。车陂简氏与小洲联盟的基础是宗族血缘关系。新中国成立前,车陂村按有祠堂的姓氏划分为 8 个约,简氏与王姓、黎姓同住在车陂涌东面的东岸,建有同章简公祠。[①] 同村建有祠堂的还有郝、苏、王、梁、黄、黎、马、麦等姓氏。由于车陂简氏在人口和经济实力上均不占优势,所以不得不结交盟友以免受同村其他姓氏的欺辱。除了小洲村,车陂村与黄村也互称"兄弟村"。据小洲村老人回忆,车陂简氏过去人丁少,也比较贫困。每逢小洲村龙船去探亲,

---

① 天河区地方志编纂委员会办公室编《车陂村志》,中华书局,2003,第 39 页。

车陂简氏都要全族出来接待，连七八岁的小孩也要帮忙端茶递水。偶尔还会出现无法供应龙船饼、龙船茶的窘境。[①] 小洲的另一个兄弟村是下沙村，但下沙村并无简姓。关于两村如何成为"兄弟"，小洲村至今仍流传着这样一个故事：抗日战争时期，下沙村民逃难到小洲，在小洲躲过一劫，避免了亡村。于是下沙的先祖告诫后人"没有小洲，就没有下沙"，须世代交好。[②] 可见，小洲与下沙联盟的基础是互相救助。直至今日，小洲村与车陂、下沙两村关系仍很紧密。每逢五月初二，车陂简氏和下沙村的龙船都会到小洲趁景。兄弟村龙船不经瀛洲古码头，而是直接沿河涌划到简氏宗祠上岸。在拜祭过祠堂后，小洲村民就会热情招待他们去酒楼吃龙船饭。而五月初三和初四，小洲龙船则分别到车陂和下沙探亲。除了四个约的传统龙船，还有由年轻的龙船爱好者组成的七条小龙船随行。这种小龙船长约 18 米，能乘坐 20~30 人。每约还会配一艘指挥船，随行补给茶水和龙船饭。这样参与小洲村龙船探亲的成员多达近 500 人，浩浩荡荡，气势恢宏。在村民看来，这种宏大的场面是极有"面子"的。探亲之余，小洲龙船还会帮助车陂简氏和下沙村参加龙船竞渡，并多次获得第一名的殊荣。

　　除了兄弟村以外，其他到小洲趁景的乡村都被笼统称为"老表村"。每逢五月初二，小洲龙船会早早在瀛洲古码头准备好龙船饼和龙船茶，负责招引龙船的"接锣"老人在岸边"严阵以待"。早上九点前后，龙船陆续入闸前来趁景。龙船上鼓声阵阵伴随炮仗声声，而岸上"接锣"人则敲打铜锣表示欢迎。龙船靠岸前要来回游弋三

---

① 据 2015 年 6 月 18 日采访。
② 据 2015 年 6 月 17 日采访。

图4-3 附近村落龙舟前来小洲探亲

资料来源：课题组拍摄。

两趟，以示礼貌。接待的工作人员则会热情地招呼老表入村喝茶、吃饼。趁景的乡村要递上拜帖，上书"敬领　谢　贝岗南约村民拜"等字样；而接景的乡村也要回以龙船帖，上书"敬领　谢　瀛洲飞龙仝仁鞠躬"等字样。这些拜帖会被张贴到公告栏的醒目处。每张拜帖代表一艘船，越多龙船来探访就表明本村越有"面子"。据统计，2014年来小洲趁景的龙船约有110艘；而2015年增加至140艘。这些龙船来自附近的43个乡村（见表4-1）。同样地，小洲龙船亦会在趁景之际拜访其他乡村。2015年端午节期间，小洲龙船共拜访了北亭、官洲、车陂、黄埔、新洲、仑头、下沙、棠下、珠村、渔民新村、石基、琶洲、猎德、寺佑和贝岗等15个乡村。

表4-1 2015年小洲村龙船拜帖村落及其龙船数

村名	龙船数
石牌	16艘
珠村	14艘
棠下	11艘

续表

村名	龙船数
沥滘	7 艘
猎德、员村、车陂	各 6 艘
下沙	5 艘
石溪、冼村、杨箕、礼园	各 4 艘
宦溪、大塘、莲溪、赤沙、长洲、员冈、上涌	各 3 艘
潭村、塘口、大石、琶洲、金鼎、新造、渔村(渔民新村)、贝岗	各 2 艘
寺佑、黄村、程界、南亭、新基村、仑头、北亭、南步村、黄埔、赤坎、沙美、曾边、石基、市头、龙潭、石榴岗	各 1 艘

　　而与本村关系不好的乡村，即便是近邻，双方也不会来往探亲。小洲村与土华村就是例证。两村因清末曾发生械斗关系一直不好，一到扒龙船时节就会发生打架斗殴，故而双方没有龙船来往。新中国成立后，两村同属新滘公社，关系有所缓解，也曾有过短暂的交往。但后来因一次在车陂水面附近龙船的相互碰蹭，双方再次爆发激烈的斗殴。此后，双方再无龙船往来。①

　　20 世纪中叶以后，随着国家权力的下沉与现代化生活方式的出现，小洲龙船的内在意涵已经发生重大的改变。扒龙船不再是对付匪乱、构建社会秩序的文化手段，而是"人民精神文化生活"的重要组成部分。新中国成立后，政府通过对扒龙舟等乡村仪式的介入，实现了对乡村社会的控制与改造。而至 20 世纪 80 年代以后，随着改革开放的深入，"扒龙船"又被赋予了新的文化意涵。"扒龙船"象征着传统文化，是现代广州城市里亮丽的文化景观。

---

① 据 2015 年 6 月 18 日访谈。

图 4-4　小洲龙船前往猎德

资料来源：课题组拍摄。

第五章
新中国成立至改革开放前
小洲的社会改革

　　1949 年中华人民共和国成立之后，小洲社会再次发生重大变迁。期间，国家权力全面下沉到乡村社会，政府对民众日常生活的影响无处不在。国家通过改革行政体制，强化了对乡村社会的控制。国家力量取代了宗教礼仪传统，成为小洲社会生活组织的决定性因素。人民公社制度的建立，更使村民的生产、分配、消费等日常生活都由国家统筹。在这一时期，小洲的传统文化在很大程度上失去了其原有的社会功能。

图 5-1　公社化时期的小洲河西桥

资料来源：照片由海珠区档案馆提供。

一　行政区域的变更

新中国成立后的三十年，对小洲社会影响最大的行政制度为人民公社制度。小洲人民公社制度的建立分为 20 世纪 50 年代的准备期与 60 年代以后的成熟期。

1949 年 10 月，广州市及其附近郊区解放后，由广州市军事管制委员会接管。小洲与土华、赤沙、琶洲等乡村归隶新洲区管辖。1951 年 8 月，小洲与土华、赤沙、五凤、沥滘、三滘、共和、大塘、新龙、琶洲、石溪、凤江、敦和等十三乡，改隶新成立的广州市新滘区人民政府管辖。1956 年 5 月，撤销新滘区建制，新滘地区原来的乡合并成五个乡，分别为小洲乡、黄埔乡、新龙乡、沥滘乡、凤江乡，并成立五个乡人民政府，归广州市郊区管辖。1958 年 2 月，小洲等五个乡合并，成立新洲和沥滘两大乡党委、乡人民政府。同年 8 月，两个大乡再次合并，小洲和土华、仑头、北山、赤沙等乡村成为新滘人民公社的管理区。次月，撤销管理区，以生产大队为核算单位，设立小洲与联星、石溪、瑞宝、五凤、凤和、上涌、大塘、龙潭、沥滘、三滘、土华、仑头、官洲、新洲、琶洲、赤沙、江贝场、水产场（渔队）等十九个大队（场）。小洲的人民公社制度至此初具雏形。此外，据 1960 年统计，小洲共有 758 户 2793 人。

1961 年 6 月，新滘公社重新划分为新滘、新凤、新洲三个公社，小洲和黄埔、新洲、官洲、赤沙、群北、东村、西南、仑头、北山、土华、新洲水产场等十六个大队（场）改隶新洲公社。次年 11 月，三个公社再次合并为新滘公社，小洲等大队再次归属新滘公社。至此，小洲人民公社制度全面确立与成熟。据 1976 年统计，小洲有 1044 户 4210 人。至 1984 年，户数增加为 1221 户，人口增加为 4689 人。①

二　土地改革

新中国对乡村社会最深刻的改造无疑是土地改革。新政权通过推行土地改革，将土地分配给无地农民，从而获得了广大民众的支持。小洲推行土地改革的时间是 1950 年、1951 年。

自 1950 年 12 月起，广州市七个郊区以及河南区、大东区等六十八个乡村陆续开展土地改革运动。当时土地改革一般分四个步骤进行，第一步是宣传政策。土改干部到乡村宣传政策，"访贫问苦""扎根串联"，发动群众，反恶霸，复查减租退押，整理农会建立乡农民代表会，收缴武器。第二步是划分阶级。一般要经过讲、评、审查、通过和批准阶级成分等五个环节。继而两榜定案，即通过划阶级成分，公布第一榜；经区人民政府批准后，公布第二榜。第三步是没收和分配土地及其他果实。没收地主的土地，依法接收地主房屋、耕牛、农具和多余的粮食，合理分配给农民。而第四步是召开农民祝捷大会。颁发国有土地使用证，动员民众转入生产。②

---

① 《新滘》编写组编《新滘》，暨南大学出版社，2002，第 6~7、116~120 页。

② 张衍森：《广州市郊区的土地改革与土改复查》，李齐念主编、彭颂涛副主编；广州市政协学习和文史资料委员会编《曙光耀羊城　建国初期史料专辑下》，广东人民出版社，2002，第 37 页；黄信隆：《建国初期芳村区人民政权建立及巩固》，中国人民政治协商会议广州市芳村区委员会文史资料委员会编《芳村文史　第 5 辑》，广州市芳村区政协文史资料委员会，1994，第 28 页。

新中国成立初期，小洲共有耕地面积 5062 亩，其中果基有 2111 亩，蔗地有 789 亩。掌握在地主和太公手中的耕地约占一半，而其占据果基的面积比例更高达 70.53%，多采用雇工经营。[①] 在土改过程中，小洲原乡团及私人被收缴的枪械多达两千支，包括抗战时期留下的机关枪等重型武器。[②] 当时小洲共有 731 户村民，其中有 35 户被评定为地主，平均每户地主经营的土地（包括租入）有 65.7 亩。[③] 另有十几户富农，大部分村民是中农。原属地主、太公、富农的耕地、房子和财产被划分，归中农和贫农所有。[④] 至 1951 年 3 月底，历时三个半月的土改胜利完成。在此基础上，小洲陆续建立起党团组织，1951 年成立共青团支部，1953 年下半年成立党支部。[⑤]

土地改革是新政府对小洲社会改造的重要步骤。土改以后，原有的乡绅阶层基本消失。在民国时期发展起来的乡团组织亦被解除武装。人民政府真正将国家权力植根到了乡土之中。

三　水果生产

20 世纪 50 年代开始，小洲村民陆续加入农业合作社，改设生产队。1953 年，广州郊区陆续建立农业生产合作社（初级社）。小

---

① 《关于郊区果树、蔬菜、塘田入社情况的报告》（1955 年 6 月 24 日），广东省档案馆藏，217-1-465-57~59。

② 据 2014 年 11 月 29 日采访。

③ 《关于郊区果树、蔬菜、塘田入社情况的报告》（1955 年 6 月 24 日），广东省档案馆藏，217-1-465-57~59。

④ 据 2014 年 10 月 18 日采访。

⑤ 《新滘》编写组编《新滘》，暨南大学出版社，2002，第 104、138~139 页。

洲有 98 户村民加入初级社，分为三个社，其中除了 7 户中农，其余均为贫农。初级社的基本特征是耕地、牲畜和农具等生产资料归集体所有，社员实行按劳分配。由于小洲的农业生产是以稻谷、果树、甘蔗三种作物为主，所以情况与一般以稻作为主的乡村有所不同。小洲的果基和蔗地占了全村耕地面积的 57.26%，水果和甘蔗产值更占总产值的 75%。例如在小洲三社 35 户社员的土地中，全是果树蔗基，毫无禾田的有 5 户；以果树、蔗基为主的有 19 户；以禾田为主的有 9 户；全是禾田的只有 2 户。①

起初果树入社是按照"评产入社"，导致村民入社的积极性不高。果树生产的特点是投资大，需时长，资金周转慢，收入大。培养一株果树，少则二三年，多则七八年；果树寿命最短的三五年，最长达百年以上。小洲种植的水果主要是长期多年生果树，如荔枝、龙眼和杨桃。其产量无一定规律，如果善于经营管理，则能较为稳定。② 在土改前，70.53% 的果基掌握在地主和太公手中。他们通过雇工经营，可以大面积生产，并能以老树养新树，提高果树生产效益。土改后，果基由较大的生产单位分裂为小的生产单位，导致扩大再生产困难。而且执行"评产入社，固定报酬"政策，打击了农户入社的积极性。有些社执行以"查田定产为基础，折谷评产入社"的办法，特别是对幼树的处理也多按白基评产，甚至按照低于白基评产。当时愿意入社的主要是贫农，只要少量中农的积极分子或原中农的下降户加入。这些入社的中农，有些是身为干部，不得不加入；有些则是因为入社有物资供应。譬如有十亩杨桃

---

① 《关于郊区果树、蔬菜、塘田入社情况的报告》（1955 年 6 月 24 日），广东省档案馆藏，217-1-465-57~59。
② 据 2015 年 8 月 28 日采访。

基的中农简华卓曾坚决说："要不是一点肥也不卖给我，我便死也不入社。"社员对初级社的生产方式亦不甚了解，以为定产分红后"稳定""有保障""不怕失收"，故也不积极想办法搞好生产。如小洲三社吴枉看见果树生长不好便入了社，后来看见收获好又想退出，说："倒补一百元也愿退社。"社外的农民生产情绪不高，特别不肯发展新树。例如社外农民、小洲中农 A（青年团员）有两亩本应种橙的，但他只是种木瓜，说："早晚会是集体的，不要连本钱都捞不回。"中农 B 补种龙眼，大家笑他："真是傻瓜。"因此小洲、共和等乡土改以来新发展的果树均不超过十五亩。①

　　针对这种情况，广州市郊区委员会调整了对果树入社的政策，确立"贯彻按劳分配，保证果农劳动所得"的原则。在果树入社办法上，按各果树常年实际产量确定业劳分益比例，实行"实产比例分益"。所谓"按常年实际产量确定业劳分益比例"，"系指在各种果树入社时，按其多种果树不同的产量情况，评定常年实产量，其社劳分益比例，应根据果树入社每年所需之人工、成本消耗的数量占多种果树常年实产量的成数而确定，其解部分则系业主应分益的比例。"所谓"按实产比例分益"，"系指在果树收获后，其业劳分益是根据实产量按上述办法所确定比例分配。"但在确定多种果树的业劳分益比例时，"既要划片分等，更应按其产量规律而有所不同。对长期多年生的果树其产量无一定规律的，可按其常年实产量确定一种分益比例即可。短期多年生的果树，其产量有递增递减规律的，可确定几种分益比例。"例如，杨桃是长期多年生作

---

① 《关于郊区果树、蔬菜、塘田入社情况的报告》（1955 年 6 月 24 日），广东省档案馆藏，217-1-465-57~59。

物：产量无一定规律，可以入社前三年平均产量为主，结合生长情况、自然条件（土质、水利、阳光）等，求出每等产量、产值（以三年平均计）。求出工本（人工、肥料、杀虫药、农具折旧），工本占产值的比例，即为社与业主分红的比例。①

图 5-2　公社化时期小洲及附近村落向收购站交售龙眼

资料来源：照片由海珠区档案馆提供。

按照"实产分红"，就对排工等管理工作提出了新的要求。因此，广州市郊区委员会建议各社，对果树实行固定耕作区并推行常年包工制（每亩果树每年用工最多不过五十三个工）。以原耕作区为基础划定耕作小组，每个耕作小组以果树为主，适当搭配禾田、蔗地。并规定产量指标，实行在通常施肥用工下超产奖励制。这样可使排工的矛盾在组内经过民主讨论来解决，又可发挥农民个体生

---

① 《关于郊区果树、蔬菜、塘田入社情况的报告》（1955 年 6 月 24 日），广东省档案馆藏，217-1-465-57~59。

产的积极性，加强责任心，保证工作质量。[1] 这种"以果树为主，适当搭配禾田、蔗地"的方式遂成为小洲的主要劳作方式。

图 5-3　公社化时期小洲村参加农业竞赛

资料来源：照片由海珠区档案馆提供。

　　解决果树入社问题后，小洲陆续建立高级社。1956 年，新滘地区已基本实现高级社化。[2] 小洲村成为生产大队，而村民按照居住的东南西北中五个约，划分五个生产队。因应当时以阶级斗争为纲的原则，称为"五个连"。后因人口增加，各连再次细分为十六个生产队。北约为第一、十六生产队，东约为第二、三生产队，南约为第四、五、六、七、八、九生产队，中约为第十、十一生产

---

[1] 《关于郊区果树、蔬菜、塘田入社情况的报告》（1955 年 6 月 24 日），广东省档案馆藏，217-1-465-57~59。

[2] 中山大学经济地理专业三年级人民公社研究小组：《新滘人民公社生产综合体的特征及其发展趋势》，《中山大学学报》（自然科学版）1962 年第 2 期，第 33 页。

队，西约为第十二、十三、十四生产队。① 在大跃进时期，因组织劳动力开发农业试验场，于是在各生产队抽调青壮年劳动力组设了第十五生产队，当时称为"独立排"。② 这十六个生产队在 1978 年后成为经济合作社的主体。小洲生产大队成立后，全村的社会动员力明显提高，竖立在村口的大礼堂就是很好的例证。1957 年小洲村确定了礼堂的建设方案，并动员全村社员参与建设。在 1958～1959 两年间就建成了大礼堂。1960 年初又增建了礼堂的门楼。③ 该门楼极具苏式建筑风格，正中是一个鲜红的五角星，左书"广州郊区"，右书"新滘公社"，下方是"1959.9"，即礼堂建成的时间。五角星下面一行是"小洲人民礼堂"几个大字。至今，礼堂内部的墙壁四周仍保留着"人民公社万岁""高举毛泽东思想伟大旗帜奋勇前进""跟共产党走全心全意为革命种田""听毛主席话完全彻底为人民服务"等的口号标语。礼堂落成后成为全村大小会议的会场。

更为重要的是，小洲生产大队被纳入新滘公社生产综合体系中，成为水果生产的主要基地。1958 年 8 月，广州市郊区的沥滘、新洲两个大乡共十二个高级社归并成立新滘人民公社。公社西连广州市南区，东接黄埔港，南临珠江与番禺县相望，北与广州市和黄埔人民公社相对，总面积 65.64 平方公里，共有 44351人，下分十六个生产大队和社办的两个农场。为了满足广州市居民对农副食品的日益增长的需要，新滘公社根据市委提出的郊区农业生产以蔬菜为纲、全面发展的方针，重点发展蔬菜和水果的

---

① 据 2014 年 10 月 18 日、2015 年 1 月 26 日采访。
② 据 2015 年 8 月 28 日采访。
③ 据 2014 年 10 月 18 日采访。

图 5-4　小洲人民礼堂

资料来源：照片由华洲街道办提供。

生产，使蔬果生产成为主导部门。据 1959 年统计，新滘公社果树面积为 1.7 万亩，只相当于广州郊区水果种植点面积的 10%，然而其上市量则接近全郊区上市量的 50%。[1] 在政策指导下，小洲、土华、瑞宝、赤沙和仑头等大队成为水果专业化区域，以水果生产为主要生产任务。这样，小洲原有的稻田面积开始缩减。每年所生产的水稻仅够供应本村六个月的口粮，其他时间依靠国家调配粮食供给。[2]

因此，小洲的水果种植面积不断增大，种植品种主要是甘蔗、荔枝、龙眼和杨桃。当时小洲已没有私营的糖寮，甘蔗是供给广

---

[1] 中山大学经济地理专业三年级人民公社研究小组：《新滘人民公社生产综合体的特征及其发展趋势》，《中山大学学报》（自然科学版）1962 年第 2 期，第 32~33 页。

[2] 据 2015 年 1 月 21 日采访。

州华侨糖厂作为榨糖原材料。据说当年华侨糖厂日榨蔗量为 1500
吨。小洲是甘蔗的主要供应地之一。每个生产队都有蔗田，其中
十三社的蔗田面积最大，超过一百亩。甘蔗的种植周期是一年，
年头种蔗苗，年尾砍蔗。每个生产队轮流交货给华侨糖厂的收购
船。而在水果种植上，小洲的龙眼、荔枝声名远扬。当时的水果
是由广东省商业厅统一制定收购价格，分等级收购。一级果一般
是指果实饱满，颜色鲜艳，果形正常的。而果实饱满度稍差，颜
色暗淡，有轻微机器伤痕的即为二级果。[①] 据小洲老生产队长回
忆，荔枝一级果的平均价格为每担 28~30 元，龙眼一级果为每担
25~26 元，而杨桃一级果为每担 13~14 元（每担按 100 斤计）。
这三种水果生长周期长，从种植到结果实往往要用十余年的时间，
培植管理需要相当娴熟的技术和丰富的经验。为了提高社员种果
技术，新滘公社除了定期抽调生产队长到公社接受技术培训，还
派驻农科站技术人员下乡到小洲开设"农艺师培训班"。授课地
点在简氏大宗祠，授课内容主要是果树的科学管理和农耕的丰产
技术，令不少社员获益匪浅。[②] 小洲所产的水果不仅质量好，而且
单位面积产量也较高。每年到 7~8 月荔枝、龙眼成熟，瀛洲码头
前的水果收购站即成为贸易市场，船艇涌动，货如轮转。水果收
购都是按担计，每日的收购量在 500~2000 斤。收购站继而通过
供销系统将水果转销往广州等地，一级果还远销中国香港及东南
亚各国。[③]

---

① 《1960 年跨 1961 年广州市郊区及化县、雷北县橙子收购价格方案》（1960 年
  1 月 16 日），广东省档案馆藏，296-1-161-69~74。
② 据 2015 年 8 月 28 日采访。
③ 据 2014 年 10 月 31 日采访。

四　日常生活

伴随着生产体制一起转变的是村民的日常生活。生产队既是生产单位，也是政治管理单位。每个生产队有正副队长、记分员、组长、会计、出纳、保管员等，组成队委会，负责安排生产工作，人选均由社员选举产生。为了区别于小洲生产大队，每个生产队的正副队长一般称为"正副组长"。组长每天最重要的工作是排工，既要兼顾生产的方方面面，又要考虑劳动力的劳动强度，并非一件轻松的工作。据老组长简柱权回忆，每天晚饭后他们就要到队址商议排工，排好后书写在队址前的黑板上，以便社员们一早开工。每天清晨五点，村里的喇叭就响起。随后生产队就会敲钟，社员们闻钟即要前往劳动地点集中。夏天劳作的时间是早上六点半开工，上午十点半收工；下午一点开工，五点收工。冬天的时间是早上七点开工，上午十一点收工；下午一点开工，五点收工。① 社员们每天吃点简单的杂粮做的早餐后即去上工，劳作极有规律。公社化初期，村里短暂地开办过公共食堂（今东方理发店旁），不过很快就停办了。

生产劳作实行工分制，按照劳动强度划分工种，计算工分。在公社化时期，工分评定的标准有四项：（1）共产主义觉悟；（2）技术水平；（3）体力强弱；（4）劳动态度。② 另外，按照劳动强度，大致分为大工、中工、小工三种工种。大工指的是耕田、种果、出海等比较辛苦的劳作，一般由青壮年劳动力担任，每天最高可计

---

① 据 2015 年 8 月 28 日采访。

② 《广州市郊区人民公社章程（初稿）》（1958 年 8 月 23 日），广东省档案馆藏，217-1-419-67~73。

图 5-5　公社化时期新滘公社的水乡归舟

资料来源：照片由海珠区档案馆提供。

15 工分；中工指的插秧、施肥、除草、晒谷等一般劳作，由妇女担任，每天可计 9~12 工分；小工指捡草、放牛等相对简单的工作，由老人和小孩担任，每天获得 6~8 工分。① 每天劳作完成后，由记分员记录下每个社员的工分，到年底统一兑换成工资；而工分相当于多少工资，就要看整个生产队的生产效率。在小洲，每个生产队一年生产的水果、甘蔗所得的总收入减去上缴国家的税收、大队的管理费和生产成本，剩下的就按照每个社员的工分，换算成工资分配到个人。② 社员平时要钱花销时，譬如买柴米油盐酱醋茶等生活用品，或看病、交学费等，可以在生产队预支工资，记录在队里出纳员的账簿里，到年尾清算账目。③ 公社化初期，新滘公社是广州市郊区十四个公社中生产总值最高的，经济状态最好。④ 当时的米价大约为每担 14.6 元（每担以 100 斤计）。⑤ 1962~1963 年农副产品平均价格大致为猪肉 5.45 元/斤，牛肉 3.1 元/斤，鸡肉 3.3 元/斤，鸭肉 2.1 元/斤，鱼 3.7 元/斤，食糖 1.8 元/斤，生油 5.75 元/斤，番薯 0.21 元/斤⑥（见表 5-1）。而小洲村一个青年劳力一年能拿到几百元，基本可以满足生活需求。一位老人曾自豪地说，小洲在三年大饥荒时期都没有闹饥荒，加点番薯、芋头就熬过去了。⑦

---

① 据 2015 年 1 月 26 日采访。
② 据 2015 年 8 月 28 日采访。
③ 据 2015 年 10 月 18 日采访。
④ 《广州市郊区 1959 年国家对公社投资的使用情况报告》（1959 年 11 月 24 日），广东省档案馆藏，217-1-465-60~63。
⑤ 据 2015 年 8 月 28 日采访。
⑥ 《我区当前农贸市场价格情况》（1963 年 4 月 9 日），广东省档案馆藏，222-2-337-103~106。
⑦ 据 2014 年 10 月 31 日采访。

表 5-1　1962 年和 1963 年广州市郊区农副产品价格

单位：元/斤

品名	1962 年	1963 年	两年平均价格
猪肉	8.50	2.40	5.45
牛肉	4.20	2.00	3.1
鸡	4.50	2.10	3.3
鸭	3.20	1.00	2.1
鹅	3.80	1.00	2.45
鸭蛋	0.50	0.23	0.35
鱼	2.40	1.30	3.7
食糖	2.50	1.10	1.8
花生	2.80	1.70	2.25
生油	7.50	4.00	5.75
番薯	0.35	0.07	0.21
芋头	0.45	0.10	0.28
木茨	0.25	0.04	0.15
红花豆	1.20	0.30	0.75

资料来源：《我区当前农贸市场价格情况》（1963 年 4 月 9 日），广东省档案馆藏，222-2-337-103～106。

据统计，新中国成立至改革开放前，小洲新挖排灌渠 3000 米，并修筑了头围、二围、三围等排灌水闸。修筑机耕道路 8800 多米，围江造塘，新垦耕地面积 5.3 多公顷。[1] 除了抓村内的生产，各生产队还抽调人员参加了公社的义务劳动。1959 年夏，珠江流域发生特大洪水，新滘公社的大部分乡村决堤，受淹农田超过 666.6 公顷。小洲以及附近的土华、北山、黄埔、沥滘、三滘等乡村受灾特别严重。为了防洪减灾，当年冬天新滘公社决定修建新滘大围。小洲及附近的土华、龙潭、红卫、石溪、五凤、瑞宝、凤和、三滘、

————————

[1] 《新滘》编写组编《新滘》，暨南大学出版社，2002，第 16 页。据 2015 年 8 月 28 日采访。

沥滘、东风、桂田等大队均抽调劳动力前往支持建设。[①] 但到20世纪70年代以后，小洲不少生产队的偷懒现象逐渐增多，于是有些生产队用"计件制"代替"计时制"，以保证完成生产任务。

同时，村民的日常生活用品、生产资料等转由基层供销社供应。基层供销社的任务是在国营经济领导下，有计划地组织农村生产、生活资料供应，收购农副产品，活跃城乡物资交流。小洲的基层社隶属广州市郊区供销社。在20世纪60-70年代，郊区供销社建立起一个庞大的商品流通网络。除区社本身设土产、农业生产资料两个专业公司，还按照农村人民公社下设14个基层供销社。基层社下设16个收购站、46个中心店、346个社营下伸点、266个小商贩门市部、86个代购代销点，共计农村网点760个，按218个大队计算平均每个大队有网点3个多。全区供销社共有干部、职工7307人（其中区社直属单位170人，小商贩1480人），约占郊区农业人口1.46%。[②] 基层社在小洲村内瀛洲码头旁设有水果收购站，又将泗海公祠改建为农用生产资料店，销售各种农具、化肥等；慕南公祠则改设为粮站，供应粮食。另外，基层社还在村内的东道大街开设一家食杂店、一家药材铺和一家百货店，登瀛大街开设一家小吃店和一家理发铺（今东方理发店）。今年60岁的DL是在1972年作为基层社职工分配到理发铺工作的，后来就落户在小洲。据他回忆，当时基层社职工属于城市居民，其生活物资实行凭票供应，定额定量。一个成人的粮票是30斤/月，油票是2.5

---

① 《新滘》编写组编《新滘》，暨南大学出版社，2002，第69、71页。
② 《广州市郊区（县）基层供销社基本情况》（1973年），广东省档案馆藏，296-A1.3-23-81。

斤/月，洗衣粉是 0.5 斤/月，布票则是"每年一丈三尺六"。① 但村民生活则与之不同。由于小洲以水果种植为主，禾田面积减少，所以村民基本是"六个月吃国家粮，六个月交任务"。也就是说，小洲村民每年上半年和下半年各有 3 个月是依靠国家粮食供给的。每户村民有一份粮簿，一个月最多可以购买 45 斤米。②

五 文化福利事业

人民公社时期，小洲大队注重文化福利事业建设，在村内先后建起了托婴所、幼儿园（当地人称为"托儿所"），卫生站、产房，以及设立播电影、演粤剧的场地。其中以幼儿园的建设最为成功。

为了保证妇女社员上工出勤率及合理教养儿童，自 1958 年小洲大队开始在吕山公祠设立托婴所和在粤梅公祠设立幼儿园。③ 起初教养员毫无经验，幼儿园纪律混乱，家长极为不满。家长普遍认为女学生没有带孩子经验，认为上了年纪的人才能带好孩子。连一些大队干部也有这种思想。教养员自己也没有信心，总想回队参加劳动。因此在 1958 年 9 月公社幼儿园评比中，该幼儿园被评为"下游园"。此后，小洲大队深刻反省，指派妇女主任莫惠钗负责领导幼儿园，并召开了全体教养员会议，做通教养员的思想工作。明确幼儿工作的重要意义是解决妇女劳动力，积极培养好下一代。共青团教养员简瑞桂、陈全妹等带头提出保证安心

---

① 据 2015 年 1 月 20 日采访。
② 据 2015 年 8 月 28 日采访。
③ 据 2014 年 10 月 18 日采访。

工作，办好幼儿园，并制订了一些具体措施，包括清洁幼儿园环境、拆神楼板作床板和凳子等设施，到广州市玩具店参观学习制作玩具，改善幼儿伙食，到新滘公社、大塘幼儿园等观摩教学等。至1960年已经形成了一套完整的幼儿教学大纲，包括做早操、唱歌、画画、做纸工、游戏等。而且制订了一套完善的卫生条例。包括（1）经常保持室内外环境卫生清洁；（2）用具消毒；（3）培养儿童不含手指、不挖鼻孔的好习惯，用自己手巾，按时睡觉等；（4）每天洗脸两次，饭前饭后洗手；（5）逢星期三剪指甲；（6）教养员保持个人卫生；（7）完成各种预防接种及各项预防措施，经常检查卫生及检查儿童身体健康，避免传染病。这些卫生条例对于培养儿童的卫生习惯产生了深远的影响。

　　小洲幼儿园的办学效果很快得到社会的认可。1960年全园共有幼儿326人，占应入园人数100%。分十班，小班四班，中班三班，大班三班。幼儿园工作人员21人，包括园长兼党总支委1人、教养员12人、勤杂工1人、财务1人、炊事员6人（其中70多岁的老人两个）。教养员的文化水平分别为扫盲毕业1人，高小生4人，小学毕业8人。鉴于其成功的办学经验，自1958年底该园先后获得管理区、小洲大队、新滘公社、广州郊区、广州市乃至全国的嘉奖[①]（见表5-2）。在幼儿园的带动下，托婴所也办理良好。该所共有儿童225人，占应入所的儿童100%。托儿事业使妇女出勤率由原来的60%提高到99%，进而增加了生产队的生产效率。[②]

---

① 《受全国表扬、奖励的先进儿童工作集体登记表——新滘公社小洲大队幼儿园登记表》（1960年5月），广东省档案馆藏，233-2-207-56~61。

② 《1960年广东省全国三八红旗集体、三八红旗文教、卫生、技术——小洲农业生产大队幼儿园登记表》（1960年2月12日），广东省档案馆藏，233-2-181-24~26。

表 5-2　1958 年底至 1960 年小洲大队幼儿园所获荣誉

时间	获得荣誉
1958 年底	共和大队管理区福利红旗奖
1959 年	小洲大队红旗奖
1959 年	新滘公社先进工作者集体奖
1959 年	新滘公社先进集体单位奖
1959 年	广州郊区女能手集体奖
1959 年	广州郊区卫生上游奖
1959 年	广州市三好园
1960 年	广州郊区三好幼儿食堂奖
1960 年	全国"三八"红旗集体

资料来源：《受全国表扬、奖励的先进儿童工作集体登记表——新滘公社小洲大队幼儿园登记表》（1960 年 5 月），广东省档案馆藏，233-2-207-56~61。

　　除了托儿事业，公社化时期小洲的公费医疗和文娱活动也办得有声有色。位于村北的简公佛庙被改设为卫生站，凡是有头痛发烧、简单外伤等常见疾病都可以在卫生站治疗。旁边的三帝庙则被改设为产房。现年 40~50 岁的村民大多数是在三帝庙出生，当时有两位本村的妇女充当接生婆。[①] 小洲大队亦重视开办文娱活动，例如邀请珠江电影公司定时到村播放电影。播放场地就在简氏大宗祠，在大宗祠的厅堂挂起白幕，摆上几排凳子，就成了电影院。播放的影片以革命战斗片为主，例如《地道战》《地雷战》《铁道游击队》等。不少老人对当初播放的新片至今仍如数家珍。每张电影票售价 4~8 分，在当时算是比较贵的。所以很多村民直接搬了梯子，搭在围墙上观看。小洲大队也会邀请广东粤剧团到村演出，场地就在人民礼堂。一到"做大戏"的时候，全村男女老幼聚集礼堂，人

---

　　① 据 2014 年 10 月 31 日采访。

潮涌动，甚为热闹。① 此外，除了"文革"时期曾短时间地暂停外，整个公社化时期都会举办扒龙舟活动。当时，扒龙舟活动也是生产队的任务之一。即使经济困难时期，每个生产队也要拿一部分的资金出来，准备龙舟茶、龙船饼，并派出最强壮的劳动力充当桡手。扒龙船从原来的乡村习俗，变成了"人民群众精神生活"的重要内容。

从新中国成立到改革开放的 30 年，小洲的传统文化渐趋式微，其被大规模改造以符合新政权的需要。许多传统文化的符号与仪式渐渐失去了原来的社会功能。但值得庆幸的是，小洲的传统文化通过革新得以保存下来。正是这些被保存下来的传统文化元素，在改革开放以后，成为小洲文化发展的动力。

图 5-6 改革开放初期新滘公社的龙舟竞渡

资料来源：照片由海珠区档案馆提供。

———————————

① 据 2015 年 8 月 28 日采访。

第六章
改革开放以后的小洲村

　　20 世纪 70 年代末改革开放以后，珠江三角洲社会发生了翻天覆地的变化。改革开放的政策为社会经济的发展清除了障碍，使基层社会焕发出新的活力。作为改革开放前沿的珠江三角洲地区，在短短的十数年内创造了令世界瞩目的经济奇迹，成为中国最富庶的地区。工业化与城市化成为这一时期珠江三角洲社会经济发展的主题。

　　在这一大的时代背景下，小洲村的经济结构开始发生根本性的变化，经济总量有了较大提升。与周边村落一样，小洲村不断尝试积极探寻发展经济的道路与模式。这一尝试既包括在工业经济方面的探索，亦包括对农业经济的改革与调整。这些变化主要表现在以下几个方面：第一，小洲所在的新滘镇是广州华侨祖居地之一，在华侨的带动下，小洲村的宗族活动逐渐恢复。第二，小洲村南部的工业园，也因为华侨的投资得以兴起。第三，1983 年开始推行家庭联产承包责任制。新滘镇所属各村，原本土地就肥沃，水网发达，自然条件优越，对发展农业生产有利。20 世纪 70 年代以前，农业生产和全国各地一样"以粮为纲"，主要是种水稻。家庭联产承包责任制实施之后，农民的积极性被调动起来，发展多种经营，大力发展蔬菜水果生产，成为广州市蔬菜、水果、禽畜和水产品等四大农副产品生产基地之一。

但如果将20世纪80-90年代短暂的二十年放在小洲的整个历史背景下作宏观的考察，我们不难发现，这只是一个过渡性的阶段。其发展思路仍停留在传统模式的范围内。在这一阶段里，虽然小洲的经济有了较大发展，但与周边的村落相比，经济水平仍然显得较为落后。也正是这二十年的探索与挫折，为后来小洲文化艺术的发展奠定了坚实的基础。

一　行政区域的变动

改革开放以后，珠江三角洲地区的行政建制发生了重大变化。1984年，在"政社分开"的改革理念主导下，广州市郊区的公社全部改成区公所。作为郊区人民政府的派出机构，新滘公社于当年1月改为新滘区公所。1986年5月20日郊区的新滘区、赤岗街被划入海珠区管辖，整个河南岛均属于海珠区辖区。为了进一步完善农村基层政权建设，郊区于1986年底将原来作为政府派出机构的区公所撤销，建立镇人民政府，新滘镇人民政府正式成立。[①] 1990年，新滘镇下设联星、石溪、瑞宝、五凤、红卫、凤和、龙潭、东风、北山、琶洲、黄埔、仑头、小洲、赤沙、土华、官洲、三滘、沥滘等18个村民委员会，18个行政村中不含石基村，因石基村只是由新滘镇代管，行政关系仍隶属市农场局；1991年7月，从凤

---

① 老家棠、高华忠：《广州市郊区的建置和历史沿革》，广州市白云区政协文史资料研究委员会编《白云文史　第2辑》，广州市白云区政协文史资料研究委员会，1987，第5~6页。

和村划出成立桂田村民委员会，自此，新滘镇设 24 个居民委员会。镇政府设在敦和路 189 号。随着城市化的进程，新滘镇人民政府的辖区也在不断变动。1996 年将五凤村的一部分划归新设的凤阳街道办事处管辖。1998 年，行政街道调整，整个五凤村划归凤阳街管理，成立瑞宝街，管理新滘镇瑞宝村。1999 年，成立江海街，管辖红卫村一级大塘、新村、台涌、石榴岗 4 个居委会。2001 年 7 月，调整新滘镇行政区划，设立南洲、琶洲两个街道。南洲街道辖 12 个居委会和 6 个村委会，琶洲街道辖 7 个居委会和 3 个村委会。调整后的新滘镇辖 3 个居委会和 7 个村委会。2001 年底至 2002 年初，撤销新滘镇，设立华洲、官洲 2 个街道。其中，华洲街道下辖小洲、龙潭、土华三个行政村，小洲至此被划入华洲街道办管辖。这一行政格局一直延续至今。

小洲上述行政建制的变化，体现了其逐步被纳入城市管理体制的过程。20 世纪 80 年代以后小洲的变迁，基本上是围绕着城市化的主题而展开。

二 香港归侨与小洲村的建设

改革开放以后，小洲村的发展首先得益于香港归侨。其中，以简树秋为代表的香港同姓宗亲更是居功至伟。血缘文化在小洲复兴的过程中再次发挥了关键的作用。

香港简氏宗亲会是由旅居香港的小洲人简孝宽发起的，于 1954 年在香港申请立案。此后，香港简氏宗亲会一直作为粤东简氏旅港人士的联宗组织。在改革开放以前，因受到内地当时政治意识形态的影响，简氏宗亲会的主要活动集中在港澳地区，与家乡的发展建设并无太多的直接联系。20 世纪 70 年代后期，随着政策的开放，香港简氏宗亲会始与家乡联系渐频。这一转变的关键原因在于地处改革开放前沿的珠三角地区需要港澳侨胞为家乡的建设提供支持。1980 年，新滘镇召开了首次归侨、侨眷代表大会，选举产生了新滘归国华侨联合会第一届委员会。[①] 此次大会成为了归侨与家乡联系的重要桥梁，而小洲归侨亦参与了此次大会。

20 世纪 80 年代以后，各级政府进一步落实华侨政策，并将其作为改革开放的重点工作。华侨与国内的联系沟通因此更为紧密。在各项工作之中，政府尤为注重落实与解决侨房的问题。1983 年，广州市政府发出了 71 号文《关于加快处理私房改造遗留问题的意见》，1984 年国务院办公室又发了《关于加快落实华侨私房政策的意见》。这两个文件成为地方政府部门落实侨房政策工作的有力依据。在此背景下，海珠区开始落实侨房政策的各项工作。1984 年 11 月，在海珠区政府的大力推动下，区委统战部、区法院、区侨办、区房管局联合组成区落实侨房政策领导小组。区落实侨房政策领导小组下设办公室，负责具体工作的实施。时任区侨务办副主任的冼瑶萍同志兼任区落实侨房政策办公室主任，原新滘镇副镇长简联卿同志任办公室副主任。由于设立了专门工作机构，有专门的工作人员负责具体事务，落实侨房政策的工作很快就铺开。许多在"文革"、土改期间被挤占、征收的侨房，都在这一时期得以物归原主。华侨政策的调整，为港侨回乡建设铺平了道路。

在回到小洲的港侨中，以简树秋的贡献最大。简树秋，1939

---

① 《新滘》编写组编《新滘》，暨南大学出版社，2002，第 141 页。

年出生于小洲村。简树秋的父亲在 1949 年之前已到香港谋生。1957 年,简树秋应父亲之命来到香港。到香港后,简树秋工作极为勤奋刻苦。他一边在父亲开办的文具店做帮工,一边利用业余时间到汽修店学习汽车维修。在汽车维修班结业后,简树秋开始从事汽车司机的工作。此后,简树秋展示了过人的商业才能。首先,他在建筑界广交朋友,与许多材料商人建立了密切关系。随后,简树秋又利用其在商界的人脉筹集了几万元,承办水泥运输业务。由于诚实守信且经营有道,简树秋从一辆货车做起,先后组建了浩昌货运有限公司和畅环有限公司,前者承办水泥及建筑材料货箱起卸运输业务,后者专营散装水泥运输业务。到了 20 世纪 90 年代,两家公司有员工 200 多人,运输车 30 多辆,年运输水泥就达到 100 万吨,约占全香港水泥用量的 30%。公司的业务拓展到香港、澳门等地。[①]

20 世纪 80 年代初,在小洲的祖屋问题妥善解决后,简树秋心中的顾虑逐渐打消。他开始回内地创办企业、捐助公益事业,以巨大的热情投入家乡的建设之中。首先,他引资在广州投资建设混凝土厂。随后,又与五羊水泥厂合资开展无污染散装水泥运输,支持了广东省大亚湾核电站、岭澳核电站和广州市地铁工程等各项大型工程的建设。2005 年,简树秋的运输公司负责了广州市琶洲会展中心及黄埔大桥建材和混凝土的运输业务,总量达到 100 多万立方米。2006 年以后,他更是把业务拓展到贵州省,并在大连、广州、江门、东莞投资汽车业。[②] 与此同时,为振兴家乡经济,简树秋又

---

① 梁伯彦:《成就出于勤奋:访简树秋先生》,《穗郊侨讯》1993 年第 6 期,第 22~23 页。

② 《香港简氏宗亲会 60 周年纪念册》,2014,第 80 页。

联系了一位港商出资将小洲村中原有的桨纱厂进行改造，引进 68
台织布机和缩水机等设备。遗憾的是，由于种种原因，桨纱厂未能
顺利投产。①

　　由于为家乡建设贡献甚大，简树秋在 20 世纪 90 年代被选为广
州市海珠区政协委员。2004～2012 年他又任广州市海珠区敬老扶残
福利会会长。② 作为海珠区政协委员的简树秋，在不同场合关心家
乡发展，他曾经请专家为小洲设计建设蓝图，利用小洲村处于城郊
接合部和水乡风俗的特点，建设成一个集商贸、住宅、旅游为一体
的新村。③ 为此，他也多次在政协会议上提出小洲村的改造议案。
1999 年在海珠区政协年会上，简树秋为小洲村提出的 "河涌整
治" 的提案被评为政协优秀提案一等奖。2005 年提出的 "政府应
采取措施拯救'南肺'"、2006 年提出的 "关于挽救小洲村古文
化建筑的建议" 及 2009 年提出的 "加快小洲河涌整治，创造优
秀卓越生态旅游环境" 的提案获得通过和采纳，并被评为优秀
提案。④

　　对于简氏宗族的发展，简树秋可谓出钱出力。他的父亲即为香
港简氏宗亲会的创始人之一，他本人也担任了香港简氏宗亲会第二
十三、二十四届副主席。20 世纪 90 年代，为保护小洲村的简氏祖
祠，他不辞劳苦奔走于港穗之间，协同广州地区的简氏族裔共同出
谋划策，最终成功地将小洲村内的简氏大宗祠保留下来，并成为广

----

① 梁伯彦：《成就出于勤奋：访简树秋先生》，《穗郊侨讯》1993 年第 6 期，第
　22～23 页。
② 《香港简氏宗亲会 60 周年纪念册》，2014，第 80 页。
③ 梁伯彦：《成就出于勤奋：访简树秋先生》，《穗郊侨讯》1993 年第 6 期，第
　22～23 页。
④ 《香港简氏宗亲会 60 周年纪念册》，2014，第 81 页。

州市重点文物保护单位。20 世纪 80 年代初，简树秋回乡之初，看到路窄泥泞，便立刻向新滘镇政府捐资修筑小洲村的道路。① 1988 年，小洲村修建村口牌楼，简树秋又带领香港简氏宗亲会的十几个人，为小洲村捐资 15000 港元。牌楼竣工后，简树秋应村委会之邀，带领香港简氏宗亲会财务部族人简志雄等一行七人，出席了小洲村牌楼揭幕仪式。② 此外，简树秋对家乡教育的捐助亦极为慷慨。小洲村内有小洲小学，创办于 1950 年。在改革开放之前，因办学条件限制，小洲小学一直以简氏大宗祠作为办学场地。"文革"期间，原本三进的祠堂被拆掉了第一进，改建成两层的教学楼。1989 年，小洲村委会集资 300 多万元另址兴建。村委当时以建设"瀛洲小学"为名在港澳"简氏"宗亲会筹款。简树秋与弟弟获悉此事后，即刻大力捐助，力促其成，深得乡人的赞许。③ 1990 年，新校舍落成，小洲小学搬离了祠堂，在新址继续办学。而为了保护简氏大宗祠，同年大宗祠二层楼的课室被拆除，村里把简氏大宗祠广场和空地建为村中心公园。

简而言之，在改革开放以后，小洲村的发展离不开港澳归侨的支持与捐助。小洲村承载着浓浓情感的乡土文化，又是促使归侨回乡发展的关键因素之一。以简树秋为代表的港澳归侨回乡参与建设，不仅促进了家乡经济与教育事业的发展，而且为乡土文化的保育做出了自己的贡献。

---

① 梁伯彦：《成就出于勤奋：访简树秋先生》，《穗郊侨讯》1993 年第 6 期，第 22～23 页。

② 简峰：《香港简氏宗亲会简树秋一行回乡参加小洲牌楼落成典礼》，《穗郊侨讯》1988 年第 3 期，第 15 页。

③ 梁伯彦：《成就出于勤奋：访简树秋先生》，《穗郊侨讯》1993 年第 6 期，第 22～23 页。

三 工业园的兴衰

在历史上，小洲一直是以农业、种植业为主要的收入来源。20世纪70年代中期以后，随着政策的放宽与工业化进程的开展，小洲村迎来了发展工业的机遇。在这一时期里，小洲村先后创办了奶牛场、养猪场、酒厂、藤厂等村办企业。与此同时，村集体又为广州市承接出口加工业务。如为广州市罐头厂加工水果，为广州市利民针织厂加工衣料，为广州光学仪器厂磨底座，继而又承包了喷漆，并因势利导地建立了喷油厂。小洲村上述尝试均取得了显著的经济效益。[①]

至20世纪70年代末，随着改革开放与农村经济体制改革的深化，珠江三角洲地区的乡镇企业如雨后春笋般兴起。这些乡镇企业的形式多样，既有社、队、村办的集体企业和农民自己创办的个体企业，亦有"三来一补"和利用外资的合资合作企业。小洲所属新滘镇因与华侨之间有较密切的联系，在引进外资项目上具有先天的优势。改革开放以后，新滘镇先后办起了广州市第一水泵厂、新滘服装总厂、广懋时装制衣厂、新滘工具厂、广州锅炉工业公司锅炉二厂、南方制漆厂和广州粤新塑料有限公司等一批有一定规模的镇办企业和合资合作企业。1986年1月23日建成投产的广州百事可乐汽水厂，更是新滘镇利用外资、引进技术、产品畅销、高附加值企业的发展典范。[②]

---

① 沙文钟：《小洲村史》，广州出版社，2004，第139页。
② 《异军突起的乡镇企业》，《改革开放三十年纪事》，http://www.gzzxws.gov.cn/gxsl/zts/ggkfssn/200905/t20090522_12299.htm，2015年7月2日。

在这样的背景下，小洲村也开始引进外资，兴办村办企业。其代表的企业有小洲电缆厂。小洲电缆厂在鼎盛时期有职工100多人，产品以通信电缆为主，生产设备有对绞机、成缆机、提套机、拉丝机、单线机等20台（套）。1990年，小洲电缆厂的产值达到了710万元。在这一时期里，小洲的集体企业还包括织布厂、浆染厂和纸箱厂。小洲织布厂1985年建成投产，厂房面积2400平方米，有织布机52台，工人80人，主要织造牛仔类布料，年产值达1000万元。小洲浆染厂于1988年建成投产，厂房面积为2300平方米，年产值达900万元。① 小洲纸箱厂投产于1989年。这些工厂的建立，不仅解决了小洲村的就业问题，也增加了集体和村民的收入。

1993年，在原新滘镇的领导和支持下，经过小洲村委的研究决定，以小洲经济发展公司为管理主体，抓住机遇，改变村民全无非农业收入的局面，以经营方式出租土地，引进外来企业兴建厂房。小洲村南工业园正式动工，并于1994年投入使用。村南工业园区选取了原来小洲村十五社的土地，用于出租，最初的地租为2元/平方米。在1994年，小洲村就引进了大小企业多达68家，用地面积达到231740平方米。工业园内的企业主要经营铜、铁拉丝、铝型材、不锈钢制品、鞋制品、布料印花、木家具、商场货架、胶粘产品、化妆品、五金制品以及金属热处理等。企业年产值规模达到亿元的有华信实业有限公司、广州市第四建筑工程有限公司等；年产值上千万元的有广州市羊城铝型材厂；年产值达到五百万元的有瑞宝拉丝厂、新滘热处理厂、新胜不锈钢制品厂、捷达鞋材厂、

①《海珠区志（1840~1990）》，广东省情数据库，http：//www.gd-info.gov.cn/books/dtree/showbook.jsp? stype=v&paths=16492&siteid=hzq&sitename，海珠区地情网，2015年7月2日。

新秀印花厂、海印货架厂等十多家企业。改革开放以后，村办企业一直是小洲工业经济发展的主体。

自小洲工业区建立之后，经过村委及村民的共同努力，集体的收入有了较大幅度的提高。到 1998 年，集体土地地租的年收入为 820 万元，2002 年更是达到了 1000 万元，为小洲村的集体和村民都创造了良好的经济效益和社会效益。需要指出的是，小洲经济在改革开放以后得以迅速发展的关键原因正是其集体经济的形式。而这一经济形式正是清代宗族社会在 20 世纪的延续。传统文化在改革开放后经济发展的过程中重新发挥了重要作用。

然而，小洲工业经济发展的道路是曲折的。虽然其工业经济获得了巨大发展，但是与周边村落相比，仍显得较为落后。小洲的工业总产值远远低于沥滘、土华等村落。比较劣势使小洲村最后放弃了发展工业化的道路。下文再进一步分析其具体原因。与此同时，广州市对湿地公园的规划，对小洲周边的生态环境提出了更高的要求。

随着广州市政府对于海珠湿地的保护规划的实施，工业园的用地规划也发生了改变。2002 年，广州市政府将小洲工业区的部分用地征收，用于建设污水处理厂以及扩建瀛州路，小洲工业区的企业大规模搬迁，拆除厂房 132485 平方米，使得小洲工业区缩小到 99255 平方米，集体地租收入大大减少。村民的收入也相对较低，2005 年的报道称，"为了节省每罐 70 元的煤气费，不少家庭重新烧起了柴禾"。[①] 可见，作为万亩果园内的"园中村"，小洲村处在

---

① 吴莆田：《华南古村落系列之十六——小洲村》，《开放时代》2005 年第 1 期，第 2 页。

"保护"与"发展"的尴尬境地。2014 年小洲工业园的地租仅剩
600 万元。加上厂房简易老旧等其他因素，小洲工业园对企业的吸
引力大大降低，企业在租地经营权限于 2015 年 6 月到期后逐一迁
出，由原来的小洲经济发展公司和穗瀛经济发展有限公司负责协助
各经济社管理土地出租工作，逐一交回给经济社自己经营管理。

可以说，小洲村的工业园在 20 世纪 90 年代中期兴起以后，给
村集体带来了一定的收入。但是因为外部条件的制约以及广州市对
于海珠湿地果园的保护计划的推行，小洲人开始放弃工业化的道
路，寻求新的发展模式，寻找一种注重传统与文化、注重环境与可
持续发展的思路。

四　万亩果园的保护和发展

工业化与城市化的进程，不可避免地对小洲的果园环境造成破
坏。20 世纪 70 年代末至 90 年代初，是万亩果园发展的黄金时期。
小洲村处于万亩果园的中心地带，村民世代以种植水果为业。新中
国成立以后，随着土改和公社化运动的推行，农业在政治的指导下
发展。甘蔗原本是小洲村的传统作物。1955 年广州华侨糖厂成立
以后，新滘各村都被分配了种植甘蔗的任务，小洲、土华、官洲、
仑头、北山、沥滘、三滘、黄埔、琶洲、东风等村都是主要的甘蔗
种植区。20 世纪 50-60 年代，种植甘蔗 700 公顷，亩产甘蔗 3~5
吨。[①] 20 世纪 60 年代以后，在"以粮为纲"的方针指导下，新滘
各村都扩大水稻种植面积。小洲村的部分果林也因为有"交公粮"

---

① 《新滘》编写组编《新滘》，暨南大学出版社，2002，第 64 页。

的任务而改为种稻。但是水果生产一直是小洲村的龙头产业。根据介绍，小洲村的公粮任务是交钱，每年有六个月由国家补贴口粮，六个月吃自己生产的粮食。而各个公社生产的主要任务仍然为种植水果。其中，石硖龙眼为小洲传统的特色水果，为国家统一收购，出口港澳等地。[①] 1979 年在落实家庭联产承包责任制之前，小洲村是广州市郊农村率先提前恢复"分田到户"的村庄，使得农民的生产积极性被调动起来。1985 年初，农村实施第二次分田到户时，小洲村又比其他兄弟村超前将承包期限延长至 30 年之久。[②] 农民按户承包果园，加上市场上水果价格也较为合理，农民种果的积极性很高。

20 世纪 80-90 年代，万亩果园的发展势头非常好。到 1990 年，新滘果树种植面积 1.84 万亩，总产量 1.9 万吨。小洲村主要种植的果树有杨桃、龙眼、柑橘、橙等水果，木瓜、杨桃、番石榴、龙眼、黄皮被称为"小洲五美"。石硖龙眼是新滘镇的特色水果，小洲村、土华村、东风村一带有石硖龙眼大树种植面积 2000 多亩。而新滘更是广州市杨桃最大的产区，杨桃栽培面积 0.60 万亩，且多是中、老龄挂果树，总产量 0.60 万吨，分别占全市杨桃栽培面积及产量的 78.95% 和 62.5%。[③] 小洲村出产的龙眼，在计划经济时代一直是国家收购的主要品种，且主要供应港澳地区。1978 年以后，随着市场的逐步开放，远近的水果商都听闻小洲村的龙眼果大、肉脆、甜度高蜂涌而来，龙眼价格一路看涨，从最开

---

① 据 2015 年 8 月 28 日访谈。

② 沙文钟：《小洲村史》，广州出版社，2004，第 162~163 页。

③ 余平：《广州市海珠湿地果园景观改造研究》，仲恺农业工程学院硕士学位论文，2014，第 17 页。

始的 40 元一担（100 斤）涨到 20 世纪 90 年代初的过千元一担。①

　　进入 20 世纪 90 年代中期以后，由于各种原因，果园面积锐减、产量减少、果质恶化。海珠区曾是广州市的大型工业基地，会造成污染的工厂占据了全区 1/3 的面积。工业发展尽管为城市带来了经济效益，但也给万亩果园带来了严重的污染问题。小洲村南的工业园，投产的都是纺织厂、电缆厂等企业，其排放物对空气和水质均有影响。据小洲村村民反映，小洲原来种植柑橘、橙子，由于环境污染影响果质，后来已经不再种植。同时，随着广州城"北进南拓"的扩张，地价出现大幅度飙升。地价的上涨直接刺激了许多果园改变土地用途。种种原因导致了万亩果园的产量不断减少。据有关数据统计，1991 年，万亩果园年产量达到 1.77 万吨，至 1996 年，果园总产量只有 0.64 万吨。为弥补因水果种植条件恶化而带来的经济损失，村民将部分果林地改建成厂房、铺位出租、经营，或种植蔬菜、瓜豆等短期作物，或发展畜牧业、饲养三鸟等，从而进一步导致了果林面积逐渐缩小。万亩果园的保护面临着很大的压力。②

　　从 1994 年开始，广州市政府在保护万亩果园方面下了很大的功夫。1994 年 6 月区国土局划出 385 平方公里作为基本农田保护区，其中果园面积就多达近 270 平方公里，约占到保护区总面积的 70%。③ 1999 年，经市有关部门批准，万亩果园保护区被正式确

① 据 2015 年 8 月 28 日访谈。
② 梁志伟：《广州市海珠区万亩果园的保护与发展》，《中山大学学报论丛》2004 年第 24 卷第 3 期，第 309~313 页。
③ 余平：《广州市海珠湿地果园景观改造研究》，仲恺农业工程学院硕士学位论文，2014，第 17 页。

立，并编制了果树保护区规划。万亩果园保护区总面积约为 28137
平方公里，东起珠江后航道，西至广州大道，北起黄埔涌，南至南
洲路广州救捞局基地。[1] 2000 年，市政府把新滘镇、江海街、瑞宝
街、仑头、土华、小洲、北山、赤沙、石基、龙潭、东风、瑞宝、
红卫、三滘等村近 1100 平方公里的果园划定为果树保护区。从此
海珠湿地果园内用地得到更大面积的控制。[2]

　　万亩果园的划定，有利于改善广州中部地区的环境状况，成为
广州城区的"南肺"和"绿心"。一方面，万亩果园营造一定的水
景，形成水网与绿网交融的城市景观格局，有利于老城区环境的改
善。另一方面，它将成为海珠区与番禺区的绿化隔离带，有效阻隔
城市的蔓延发展，形成更合理的城市形态，有利于广州建设生态城
市、山水城市，有利于广州城市空间发展战略的实施。

　　然而，对于保护区内的村落，也存在一些问题和挑战。由于单
户果林面积很少，水果价格面临着变化不定的市场风险，水果种植
收入有限且得不到保障。同时，保护区确立后，各村原来划定的经
济发展用地在使用上也受到限制，城市边缘区传统的"以地生财"
模式在这里难以大规模地推行，再加上村民素质普遍不高，就业困
难，因此各村经济得不到长足发展，成为海珠区的经济低谷地带。
从发展角度看，以小洲村为代表的万亩果园内的村落与广州市政府
之间，存在着典型的"环境保护与发展经济"的矛盾。针对这一
问题，广州市政府一直在与村民、村委会、镇、区沟通。1999 年

---

① 梁志伟：《广州市海珠区万亩果园的保护与发展》，《中山大学学报论丛》
　　2004 年第 24 卷第 3 期，第 309～313 页。

② 梁志伟：《广州市海珠区万亩果园的保护与发展》，《中山大学学报论丛》
　　2004 年第 24 卷第 3 期，第 309～313 页。

10 月至 2000 年 1 月，广州市规划局曾四次到海珠区十一条果树村（因官洲岛将建成国际生物岛，故未去官洲村），听取区、镇对果树保护区的意见，以便为顺利实施《广州市海珠区果树保护区总体规划》找到切实可行的措施。[①]

在这样的背景下，小洲村的"瀛洲生态公园"便是"保胃"和"保肺"的一个尝试。瀛洲生态公园 1998 年在市、区政府的支持和投入下，由小洲村兴办，规划总面积 183 万平方米（2745亩），其中陆地面积 147 万平方米（2205 亩），水体面积 36 万平方米（540 亩），计划分六期进行建设，投资主要来源于市、区政府及原村委会。1998 年开始进行第一期的管理、服务、交通、卫生四大基础设施建设，投资 1120 万元，于 1999 年 5 月初步完成并对外开放。其中，村委统一以 5000 元/（亩·年）的租金向原农民承租 150 亩园地，用于集中建设公园主要设施和主要景点。该公园自开放以来，有一定的社会效益。但由于经营成本过高、管理体制未理顺、果树保护对公园建设项目的限制、交通不便等方面原因，公园经营状况较差。在 2002 年园内的水果收益是历年最好、吸引了较多的旅行团体前来观光旅游、公园收益有所增加的情况下，总体仍亏损 100 多万元。[②]

由于瀛洲生态公园没有被纳入政府补贴范围，并非完全意义上的城市公园，依靠门票和商业服务的收入难以支撑其经营。从果树经济个体收入看，按目前施行的果树家庭联产承包责任制，每户籍人口分摊 0.7 亩地，果树成本投入达 200 元/年，毛利润 300 ~ 1000

---

① 张建明：《广州城中村研究》，广东人民出版社，2003，第 262 页。

② 张建明：《广州城中村研究》，广东人民出版社，2003，第 268 页。

图 6-1 瀛洲生态公园

资料来源：华洲街道办提供。

元/年，果树收入仅占村民个体收入的 10%。因此，尽管政府投入专门的果树改造资金，但村民们的积极性不高。[①]

2003 年，小洲村果树生产状况的调查表明，小洲村的果树面积合计 3800 亩，产量 10940 吨，其中：杨桃 1165 亩，年产量 3200 吨；荔枝 105 亩，年产量 45 吨；龙眼 1080 亩，年产量 1125 吨；黄皮 800 亩，年产量 600 吨；番石榴 50 亩，年产量 80 吨；杂果 600 亩，年产量 420 吨。[②]

从改革开放初至 2000 年，小洲村的工业总产值不断上升，并在 20 世纪 90 年代占据了主导地位。但在 2000 年以后，随着第三产业发展迅速，生态农业则呈逐步萎缩的态势。非农收益和农业收益的明显差距使村内涌现出一批工厂和餐饮服务企业。小洲村内原

---

① 许松辉：《"园中村"改造与发展探索——以广州市小洲村为例》，《规划师》2007 年第 6 期，第 45~48 页。

② 沙文钟：《小洲村史》，广州出版社，2004，第 140~141 页。

本有瀛洲海鲜酒楼和金瀛酒家两家规模较大的食肆。2004年，小洲村将靠近小谷围的果园开辟出一块，出租引资，建成了别具一格的"在水一舫"酒家，于2004年5月1日正式投入营业。① 不久，在"在水一舫"不远处，另一家名叫"荷塘花语"的酒家也应运而生。两个酒家都是利用了小洲的水资源和田园风光，吸引游客。同时，食肆作为旅游产业链的一环，也反映出小洲村从第二产业向第三产业转型升级。

在2000年以后，虽然万亩果园的产量不断下降，但却被赋予了更多的文化意义。在农耕水乡年代，小洲村果园承担着巨大的经济功能，是小洲人世代繁衍的经济支柱。但进入工业化时代以后，小洲的果园被贴上了"万亩果园"这一极具乡村浪漫气息的标签。在这一标签的背后，也折射出广州社会的变迁。"万亩果园"亦因此被外界赋予了越来越多的文化意义。种种有利的外部因素，使小洲最终走上了一条与其他广州城郊村落截然不同的发展道路。

---

① 沙文钟：《小洲村史》，广州出版社，2004，第70~71页。

第七章
都市文化风景：艺术村、历史文化名村

20世纪80年代以后的工业化与城市化使珠江三角洲地区发生了结构性的变迁。工业化意味着许多传统的村落变为工业生产基地或外来务工人员聚居的城中村；城市化则意味着大量村落消失，成为都市的一部分，村民亦因此变成了市民。这是明清以来珠江三角洲社会变迁最为剧烈的三十年。正如前文所言，在这一时期里，虽然小洲村的工业经济有了较大的增长，但是与周边村落相比，仍处于较为落后的状态。村民的人均收入仍停留在较低的水平上。

但在急剧的社会变迁中，小洲没有像邻近村落那样成为拥挤脏乱的城中村，而是慢慢成为承载着岭南传统文化的"历史文化保护区"。小洲人在唏嘘、无奈与挫折中，展现了其运用传统文化应对困境的生活智慧。本章主要讨论在20世纪90年代珠江三角洲社会转型的大背景下，小洲如何走出了一条与众不同的道路，创造出"独一无二的"艺术村落？小洲又是在怎样的背景下成为广州的文化景观？

一　艺术村的创办

20世纪80年代的改革开放，使珠江三角洲地区村民的生活水平普遍有了大幅度的提升。但与此形成强烈反差的是，地处城郊的小洲一直迟滞不前，村民收入明显低于周边的沥滘、土华等村。在身处困境时，村联社尝试过创办集体企业、发展工业经济，但这些探索最后均以失败告终。残酷的事实表明，小洲缺乏工业化成功的必要条件。

小洲村在工业化道路上的挫折，固然有许多不利的外部因素，但最大的制约因素为偏远的地理位置与不便的交通条件。在20世纪80年代以前，海珠区只有北部与西部有公路抵达，东西部、南部的许多村落仍不通公路，村民外出多赖舟楫。在水路时代，小洲地处海珠区后航道的枢纽位置，故其经济一直繁荣不衰。八十年代以后，随着工业化进程的推进，海珠区的交通方式发生了革命性的变革。汽车、公路日渐取代舟楫、水路，成为海珠区村民外出的主要方式。

但公路的修建，不仅对村民的生活方式产生了重大影响，更彻底改变了海珠区的地理与经济格局。在20世纪80年代中期，对海珠区交通网络影响最大的当数洛溪大桥的修建。洛溪大桥落成以后，广州大道成为连接市区与番禺最重要的交通要道。至此，南北走向的广州大道与东西走向的新港路成为海珠区中西部的两条大动脉。20世纪80年代以后海珠区工业化与都市化的进程基本上是围绕着这两大主干道向周边辐射。陆地交通网络的出现，导致小洲村从海珠区后航道的交通枢纽变成没有公路抵达的交通死角。交通条件严重限制了小洲工业经济的发展。

但经济发展滞缓的同时，为小洲保存了良好的生态环境与淳朴的传统文化。周边村落在经济高速发展的同时，普遍出现了工业化进程所遇到的社会问题，如环境污染、治安变差、传统文化遭到破坏等。与此相比，小洲那一份与现代化旋律格格不入的传统与宁静就显得弥足珍贵。20世纪90年代初期的小洲，仍保留着许多前工业化时期的传统文化。

地处工厂包围中的小洲，就这样悄然成为乡土文化的标本。在具有乡土情怀的艺术家眼中，小洲丰富的历史文化无疑是都市化与工业化进程中极为难寻的艺术资源。历史在关闭小洲工业化大门的时候，却为其打开了文化艺术之窗。

20世纪90年代中期的小洲，具备了许多发展艺术村落的条件：第一，村里有保存完整的宗族、宗教祭祀系统；第二，小洲一直是广州美术学院师生写生创作的基地，有艺术创作传统；第三，经济落后，创作成本低廉。如果用小洲艺术区董事长王齐的话来概括，那就是："艺术家有两个特点，哪里风景漂亮跑哪里，哪里经济落后跑哪里。"

小洲作为艺术院校师生的创作基地，可以追溯到20世纪60年代。当时，广州美术学院的师生就开始以小洲为写生基地进行艺术创作，小洲因而在艺术圈内拥有了较高的知名度。广州美术学院选择小洲作为写生基地主要是因为小洲与广州美术学院同处海珠区，交通较为方便。在20世纪80年代，关山月、黎雄才、曹崇善等大师又陆续来到小洲进行艺术创作。在进驻小洲的艺术家中，包括四届广东省美协主席与副主席，两任广州美术学院院长与副院长以及多位著名的国画家、油画家、雕塑家、设计家、建筑家、导演、演员等。除岭南画派的关山月、黎雄才等名家，还有林墉、许钦松、汤小铭、邵增虎、尚涛、林永康、刘书民、郑凯、张治安、梁明诚、尹定邦、杨学军、韦振中、张霭维、吴海鹰、朱颂民、董一点、方锦龙、周树坚、曹崇恩等著名艺术家。大批艺术家的进驻，对中青年艺术家产生了强烈的吸引力，许多中青年艺术家在此聚居。正是大批艺术家的耕耘，使得小洲的艺术土壤日渐肥沃，逐渐成为艺术大师创作的伊甸园。

但艺术家的驻村，只是小洲拥有了成为艺术村的外部条件。在内部因素方面，小洲的成功还必须依赖村内精英的推动。事实上，小洲之所以成为艺术村，正是村委探索出路的结果。如前文所述，工业化道路的失败迫使小洲人另辟蹊径，寻找适合自身条件的发展模式。这一模式既要避免交通因素的制约，又要产生巨大的社会与经济效益。在此思路下，艺术家的进村，为当时的村委提供了灵感。村委领导希望以文化为突破口，推动小洲持续发展。

发展艺术村，首要任务是留住艺术家。20 世纪 90 年代中期，小洲村在瀛洲路建设了艺术村，为艺术家修建住宅，创办工作室。这一举措起到了"筑巢引凤"的效果。关山月、黎雄才、曹崇恩等艺术家先后在小洲安家乐业。小洲人对艺术家的礼遇有加，使艺术家渐渐不再将自己视为外人，而是以小洲人自居。其中不少艺术家更是以小洲风情为主题进行艺术创作与展览。广州美术学院的尹定邦教授，更是将自己对小洲的理解挥毫于纸上，并装裱悬挂于工作室前：

> 小洲以开放、包容的姿态接纳执着的艺术追求者，而艺术家满怀激情在这里记录着小洲的发展、社会文化的变迁。

尹定邦 1940 年 5 月出生于湖北武汉，1965 年广州美术学院五年制本科毕业，并留校任教。曾任美术学院副院长、设计学院院长，也是知名设计理论家和教育家，被誉为中国现代设计开拓者和领路人。尹定邦是最早到小洲村的艺术家。到小洲后，他创办了泗海画室。在随后的数年里，他创作了数百幅描绘小洲风光人物和表现大海山川美景的油画，出版画集《小洲村人》。

艺术大师安居于小洲，使小洲在艺术圈内名声渐起，越来越多的艺术家扎根小洲。小洲在成为艺术名村的过程中，更是得到了海珠区人民政府的支持与帮助。而在其中出力尤重者，当数时任海珠区人民政府副区长的周树坚。需要指出的是，周树坚不仅是海珠区人民政府的高级官员，更是著名书法家。周树坚，1947年出生，广东茂名人，曾师从著名书法篆刻艺术家秦咢生先生、容庚先生、商承祚先生、李曲斋先生等前辈潜心钻研书法篆刻艺术和古文研究。周树坚曾荣获广东省鲁迅文艺奖、广州市文化建设贡献奖、中日书法篆刻金奖与优秀奖、全国书籍编辑一等奖。有着书法家、官员双重身份的周树坚，成为小洲村艺术家与地方政府之间沟通的桥梁。周树坚一方面直接在村内建立周树坚工作室，身体力行推动小洲艺术的发展；另一方面则在政府层面努力推动发展小洲艺术的政策出台。2009年2月23日，"周树坚艺术馆揭幕仪式"在小洲村隆重举行，馆名由全国政协副主席叶选平亲笔题写。

在小洲发展文化艺术的过程中，侨居香港的简树秋又是另一个关键人物。前文提到，简树秋20世纪50年代移居香港，改革开放后返乡，捐修祠堂、兴建卫生院，热心乡村公共事务。简树秋为香港简氏宗亲会永久荣誉会长，2005年当选海珠区政协香港委员。在2000年以后，简树秋在海珠区政府活动，游说政府出资修护小洲华台山、司马府第，努力促进乡村文化与艺术的结合。

在各方人士的共同努力下，小洲艺术在广州的知名度日渐提

图 7-1　周树坚艺术馆

资料来源：照片由华洲街道办提供。

高，文化产业的商机亦逐渐显现。在小洲艺术产业发展的过程中，王齐是另外一个关键人物。王齐，北京人。由于家庭原因，王齐自小就受到了良好的艺术熏陶。"文革"期间，王齐被分配到东莞插队。东莞插队的经历让这位来自京城的知青深入了解了广东的乡土文化。王齐不仅能说流利的粤语，还深谙文化元素在当地乡村生活中的意义。

2000 年以后，当王齐进小洲时，他的身份是房地产商，而非现在的文化商人。王齐到小洲的初衷是发展房地产业。其时，广州正处于房地产的高速发展阶段。地处城郊的小洲景色宜人，地价低廉，蕴含着巨大的房地产商机。但当王齐走进小洲后，他很快改变了自己的想法。小洲浓郁的艺术气息让王齐嗅到了艺术产业的巨大商机。这个商机远比房地产业有吸引力。按照王齐的想法，他要把小洲打造成与北京宋庄齐名的艺术村。在这一过程中，王齐插队的经历发挥了至关重要的作用。熟悉乡村生活的王齐，通过捐助祠堂修建、赞助小洲扒龙舟等方式，很快地融入了小洲。

经过几年的经营，小洲艺术区初具规模。2008 年前后，为扩大艺术区的规模，王齐在村南边的广州南沙快速路高架桥桥底空间建起了新的小洲艺术区。之所以选址高架桥底，王齐如是解释：

> 小洲艺术区之所以选择建造在这样的高架桥底，一方面它是万亩果园的中心，有着优越的自然优势；另一方面，它不用与农民争地，也不用拆迁房子，有效利用了空地，而更重要的则是这里的租金相对低廉。①

王齐创办艺术区目的，是利用小洲艺术家云集的优势，将小洲打造成一个大众的艺术平台，"让艺术走进千家万户"。2010年初，王齐的小洲艺术区开始正式运营并陆续完成规划建设项目。小洲艺术区至今已建成占地约 3 万平方米，以原创艺术工作室为主体，同时拥有规范化展厅、艺术沙龙、艺术品市场以及休闲交流场所的综合性艺术区。其中有 20～240 平方米的工作室 120 间，吸引了国画、油画、版画、漆画、壁画、雕塑、书法、摄影、设计等九大艺术门类的原创艺术工作者入驻。小洲文化区吸引了大量的青年艺术学者进驻。同时，王齐不定期会在小洲礼堂举办青年艺术工作者作品的展览拍卖会。艺术区平台的搭建，使小洲的艺术文化创作的氛围日趋浓厚。小洲形成了既有艺术大

---

① 梁志钦：《小洲艺术区董事长王齐坚持"走群众路线"——我们致力于发掘更多优秀年轻艺术家》，http://huanan.artron.net/20140303/n573912_2.html，浏览日期：2015 年 6 月 27 日。

师又有青年艺术者的多层次创作平台。

在政府、村委、艺术家、文化机构等多方的共同努力下，小洲村艺术区影响力日益增大。中国的艺术圈内开始流传"北有798、宋庄，南有小洲村"的说法。2008年6月，小洲文联挂牌成立，小洲成为广东省内第一个拥有文联的村落。小洲文联的成立标志着小洲艺术共同体的形成，使小洲艺术事业在制度化、规模化的道路上迈出了关键一步。

另外需要指出的是，2004年大学城的修建是小洲艺术产业发展的另外一个契机。大学城修建以后，广州美术学院位于大学城的西部，与小洲村仅有一河之隔。借助小洲便桥，广州美术学院的师生只需十多分钟便可从学校抵达小洲。毗邻广州美术学院的地理优势，使小洲艺术区与艺术院校的互动更为频繁。

小洲艺术村从构思至成熟，前后经历了十多年的时间。通过这十多年的发展，小洲不仅成为广州亮丽的文化风景，更是成为中国的艺术名村。在小洲成为中国艺术名村的过程中，越来越多的外来政治与文化精英来到小洲，为小洲故事增添了新的艺术元素。这些外来精英将小洲故事推向了广州，推向了国内。小洲开始不再是小洲人的小洲。

二 作为历史文化名村的小洲

小洲故事被放在更大的社会舞台中重新叙述，不仅仅因为艺术村的发展，亦得益于在广州社会变迁中社会各界对"传统文化"的渴求。2000年以后，小洲村成为广州著名的历史文化名村。"小洲"二字，在广州市民看来，承载的是岭南传统文化，是广州的乡土文化风景的代表。

小洲之所以成为岭南传统的文化风景代表，与广州近二十年来出现的社会问题有着密切关系。改革开放以后，随着经济的发展与大量的新移民涌入，广州的社会结构、文化观念发生了深刻的变化。在工业化与都市化的过程中，广州经历了一个所谓"传统"与"现代"断裂的转型过程。

在广州本地居民的眼中，大量外来人口的涌入，不但挤压了广州本地居民的社会空间，更侵蚀了本地的传统文化。"广州"正变得越来越不"广州"。不管是宗教信仰、生活习俗，还是语言习惯、饮食文化，社会生活中的广州元素正变得越来越少。广州本地市民的文化焦虑感促使"地方传统文化"保育思潮的形成。

这一文化保育思潮，实际上是广州本地居民应对急剧社会变迁的文化回应。这一文化呼声是通过许多具有"传统"色彩的符号加以展现的，如方言、宗教、饮食等具体的事物。这是一种对工业化与都市化的反抗力量。在这样的大背景下，小洲保存良好的乡土文化，契合了广州本地市民的文化需求心理。在工业化、都市化的时代里，"乡村"被重新定义。"乡村"不再像20世纪80年代之前，意味着贫穷与落后，其成为传统文化家园的代名词。2000年以来，越来越多的广州市民选择在节假日到小洲游玩，正是这一文化意涵的体现。在周日的早上到玉虚宫上一炷香、中午在高架桥底吃一餐农家饭，下午再带着一盒小洲嫁女饼回家，逐渐成为许多广州本地市民小洲一日游的必备节目。

除本地居民外，广州的中产阶级是塑造小洲文化风景的另一重要力量。20世纪90年代以后，广州社会经济的发展与转型，促使中产阶级形成并不断壮大，成为影响广州社会生活最为重要的社会阶层。与其他社会阶层相比，中产阶级有着明显不同的社会特征。其表现如下：第一，在经济上，多从事金融、服务等新式行业；第二，多受过高等教育，追求有文化品位的精神生活。中产阶级文化的审美旨趣与其他阶层截然不同。在中产阶级的眼中，乡村是充满浪漫想象的空间，是与工业文明截然不同的事物，是与理性秩序相抗衡的力量。在工业化将人异化的过程中，中产阶级需要一个让其逃离现代秩序禁锢的空间。在这样的背景下，距市区不远的小洲正是广州中产阶级心中逃离"现代秩序"的理想地之一。

2000年以后，本地居民与新兴的中产阶级成为小洲故事中两个新的角色。这两大群体从两个不同的维度给小洲赋予了新的文化意义。在小洲故事里，这是两个极其特别的群体。他们既是传统小洲故事的聆听者，又是现代小洲故事的创造者。

但需要指出的是，如果没有本地媒体人的参与，现代小洲故事的创造与构建绝不可能如此的精彩。在构建小洲文化风景的过程中，最重要的媒体人当推叶健强与陈扬二人。叶健强，广州人，《羊城晚报》摄影部主任。叶健强对广州的传统文化有着极为深厚的情感，一直致力于用镜头记录广州生活的点滴。用他自己的话说，"30多年来坚持在广州街头游荡，抓拍有广州特色的街头即景"，用摄影去记录与表达其对广州的感情。叶健强的同事如此概括他的本地情结：

> 他不叫"爱广州"，因为他根本就视自己为广州的一部分，而摄影机则是他身体的一部分。在他的照片里面，浓缩

的，就是我们有滋有味的生活。[①]

2000 年前后，叶健强来到小洲。叶健强进村的主要原因在于艺术村的氛围。小洲浓厚的艺术氛围，对钟情摄影的叶健强来说，无疑有着极大的吸引力。在这个艺术共同体里，叶健强获得了更多的艺术灵感，找到了可以让其尽情表达广州感情的艺术舞台。

叶健强在北约天后庙旁建立了自己的摄影工作室——"叶健强跑街"。如今，叶健强将工作室搬到了小洲艺术区，但叶健强工作室内仍然悬挂着许多昔日广州风情的照片。

在叶健强的摄影作品里，小洲与广州是两个最为重要的创作主题。而两者在叶健强的心中为从属关系，小洲是表达其广州情感的重要载体。2011 年 9 月，叶健强与王齐共同举办"小洲之恋——王齐·叶健强摄影作品展"。该次展览展出了叶健强历年来以小洲为题材的摄影作品。此次摄影作品展，正是叶健强摄影理念的绝佳体现。

需要指出的是，叶健强既是媒体工作者，也是一名专业摄影家。这一双重身份使其在小洲故事中发挥了关键作用。叶健强和他的作品成为艺术与公众文化景观之间连接的纽带。叶健强的摄影作品展，吸引许多广州本地爱好摄影的媒体人纷至沓来。其中名气最大的就是当时任广州电视台《新闻日日睇》栏目主持人的陈扬。

陈扬，1954 年生，广州人，本地知名媒体人。2004～2009 年

---

① 《叶健强跑街——羊城市井 30 年新闻摄影作品展》，https：//www. baidu. com/link？url＝QTRHi6kM5PS8njWGp9AiJXLqBN0jgRj38kBS9BYerApgpSn8e_ uH GCB5cuHqti0U&wd＝&eqid＝ff007fe600a61688000000065709c112，2015 年 7 月 26 日。

图7-2 叶健强工作室

资料来源：照片由华洲街道办提供。

担任广州电视台《新闻日日睇》栏目主持人。《新闻日日睇》是广州本地收视率最高的节目之一。陈扬主持风格犀利，其节目包含着强烈的本土文化情感。陈扬爱好摄影，与叶健强为师徒关系。因叶健强的关系，陈扬开始关注小洲。2005年开始，陈扬的节目组进入小洲，对小洲村做了一系列的深度报道。陈扬在节目中对小洲的水乡风情、村民生活等内容均做了详尽的报道。该报道在广州市民中引起了强烈的反响。正是因为陈扬及其他媒体的层层渲染，广州市民知晓了这个地处城郊、有着浓厚乡土气息与艺术氛围的"世外桃源"，并开始参与到小洲故事的"创造"之中！

改革开放以后的小洲故事，表现出了与传统截然不同的主题与指向。小洲之外的不同社会群体把小洲推向了广州，使其成为广州公共生活中的文化风景，小洲亦因此不再是小洲人的小洲，而是广州的小洲、岭南的小洲！

结　语

在本书完稿之时，传来了万亩果园征地工作进入尾声的消息。这意味着小洲村即将又迎来一次巨变。在小洲延续了数百年的传统文化、生活习俗可能会在未来的岁月里慢慢消失。从这一角度看，社会的急剧变迁赋予了本书另外一层历史意义。本书不仅在诠释与解构小洲，更是在保存小洲的历史文化。

让我们回到本书的主题，简单回顾一下小洲历史文化的演变脉络。文化，是一套由具有不同功能的元素按照特定方式组成的符号系统。"文化"是相对的、多元的。每一个人、每一个群体都有自己心中的小洲形象。在社会生活的过程里，小洲文化为不同的人群所表述、操控与分享，是其文化情感表达与组织社会生活的机制。笔者在本书中尝试回答的问题是，在小洲这块生生不息的土地上，村民以及不同的人群如何在各个历史时期里运用不同的文化策略以经营各自的生活？

由清至今的数百年里，不同时期文化元素的创造与累加效应造就了小洲独特的历史文化。有清一代，是小洲文化形成的关键时期。小洲人在入籍登记与土地开发的过程中，一方面通过神明与祖先崇拜表达国家认同，另一方面则以此为手段经营祖产，组织社会生活。祖先崇拜不仅是村民表达自身文化情感的载体，更是村民组织社会生活的文化手段。在清末民初盗匪横行的岁月里，小洲的士绅又以祖先、神明为符号联结村民，组织团练以御盗匪。

步入民国以后，小洲仍继续沿用明清时期文化元素以组织社会生活。尽管当时政治与社会环境日趋恶劣，但是小洲的乡绅通过利用宗族的力量，抓住世界市场的宝贵机遇，大力发展榨糖业并使其成为小洲经济的重要支柱。毫不过分地说，祖先、神明、扒龙船等文化符号是小洲人相对平稳地度过动荡与艰难岁月的重要保障之一。

1949年，中华人民共和国成立。随着国家权力的更替，小洲的社会生活发生了巨大的变迁。国家话语成为小洲社会生活的主导因素。人民公社取代了原来的宗族组织，成为小洲村内最重要的社会组织。但幸运的是，小洲的传统文化没有遭到彻底的破坏，许多庙宇、祠堂被保留了下来，为小洲保留了丰富的传统文化资源。改革开放以后，小洲人再次展现了广东人运用文化的智慧，小洲人利用传统的文化符号，吸引了大批的艺术家进驻，并使小洲成为广州城的文化风景。在这一时期里，不管艺术家、媒体人，还是关心小洲的普通市民，都为小洲文化增添了许多新元素。这些外来人对小洲的想象与表述，从不同侧面影响了小洲的发展轨迹，将其推到了一个更广阔的舞台上。

纵观这几百年的历史，小洲特别的地方不仅在于当地人懂得如何创造传统文化，更在于懂得如何运用传统文化。小洲既是传统广东村落的缩影，又是工业化时代里成功运用传统文化符号的典范。在小洲故事里，一个个鲜活的人物、精细的个案，让我们深刻理解文化在乡村生活中的表现及意义。

今天的广州及广东，正逐步进入后工业时代或后现代社会。如何利用文化及传统的力量推动社会的可持续发展，是我们每个公民必须深思的话题。因此，我们研究小洲不应止于小洲，而是扩展至广州、广东乃至整个中国。

只有从村落的居民日常生活出发，我们才能懂得广东文化何在。广东文化的精髓蕴藏于老百姓的日常生活与心智之中。我们只有怀着理解之心，才能真正体会到广东文化的生活功能与意义。当前，广东正处于社会转型的重要时期，社会的格局与居民生活方式正发生前所未有的变革。我们只有从小洲出发，从一个个具体的村落出发，才能知道如何运用传统去开拓未来。

当下的中国亦正在经历着城镇化与工业化的巨大转型。不同村落往往因为对待传统的差异而拥有不同的发展模式。小洲故事的价值，在于其为当下中国提供了一个经典的个案，一个将传统文化、艺术创作与城市文化景观完美结合的个案。正是因为这一独特性，未来，历史学家在讨论当下中国的工业化、城市化进程时，小洲必然是最值得研究的对象之一。

我们相信，以宏大的视野与深邃的情怀，以解剖麻雀般的眼光去审视一些经典的村落，是我们重新理解这个时代的必由之路！

这，正是小洲的历史价值！

附录一
小洲艺术区大事记及小洲游览路线

（一）2007~2012年小洲艺术区大事记（感谢小洲艺术区供稿）

2007年

9月22日至11月2日

由广州市委宣传部、广州市文化局、广州市文联、广州市海珠区委、广州市海珠区政府和广州美术学院主办的首届广州岭南书画艺术节在海珠区举行，大会授予小洲村"岭南书画原创基地"称号。10月4日，南粤印社在小洲村举行挂牌仪式，"童心绘小洲"写生活动和"今日小洲"写生、摄影展览等一系列活动同时举行。中国书画家协会副主席陈永正、广东省文联主席刘斯奋、海珠区委副书记董延军、海珠区委宣传部部长刘晋生、海珠区副区长方锦群等领导和上百名中小学生与美术教师参加了活动。

11月3日

由中国科技研究会、中国生态学学会旅游生态专业委员会、中国乡村旅游飞燕奖组委会联合举办的"绿色科学乡村宣传展示暨2007中国乡村旅游'飞燕奖'科普展评"活动结束，小洲村获

2007 中国乡村旅游"飞燕奖"之最佳古村镇文化奖。小洲村党总支书记莫绮萍率队赴京领奖并考察了著名的艺术村——宋庄。

2008 年

1 月 16 日

简氏宗祠修缮竣工典礼在小洲村生态文化广场举行。政府的相关主管部门以及各界人士、简氏宗亲参加开幕剪彩仪式。驻村艺术家热烈参与捐款修缮。

5 月 17 日

5 月 12 日四川汶川发生特大地震，灾情严重，全国总动员抗震救灾。驻村青年画家陈洲等人发起艺术品义卖倡议，迅速得到了小洲党总支和经济联社的支持，紧急募集艺术作品，得到全村村民和驻村老中青年艺术家的积极响应，共募集油画、国画、雕塑、木雕、工艺陶瓷、木版年画、书法作品等 160 件，艺术品自报价值 45 万元。活动分 17～18 日和 24～25 日两次进行，筹集善款 24 万元捐给了灾区。此次义卖活动是广州市各类集体募捐活动中发起时间最早、行动最快的，多个媒体进行了报道，受到了社会的关注和良好反响。

6 月 2 日

小洲文学艺术界联合会成立大会在简氏宗祠举行，成为全省首个单独成立的村级文联组织。小洲驻村艺术家代表参加了会议，通过了文联章程，选举产生了第一届文联领导机构。第一届小洲文联领导机构为：主席莫绮萍，副主席周树坚、张治安、尹定邦、梁明诚、方锦龙、王齐、简志锋、杨建明；秘书长王齐、副秘书长陈洲。常设机构由莫绮萍、王齐、陈洲组成。广州市文联主席刘长安、广州市文联专职副主席陈春盛、海珠区文联主席刘华珍、海珠区文化局副局长钟晖等领导，海珠区 18 条街地区文联主席和秘书长，华洲办事处领导到场祝贺。小洲文联首批个人会员 102 人。

6 月 8 日

小洲文联组织了成立后的第一次大型文艺义演"母亲在呼唤·关注失去孩子的母亲"。由芳华十八、瀛洲小学、黄石路小学和七色花演出队联合表演，现场同时举办赈灾义捐。小洲村民和游客约 3000 人到场观看。

6 月 10 日

广州市文联主席刘长安率队到小洲考察基层文联建设情况，肯定了小洲积极开展基层文化组织工作和发展文化创意产业的做法，对今后发展给予鼓励和指示。

6 月 20—22 日

中国民族建筑研究会在小洲村举办"华南地区古村古镇保护与发展研讨会"。此次会议邀请了住房和城乡建设部有关领导以及古建筑专家为来自全国的古村古镇相关领导、古建筑修缮与施工单位负责人和规划设计单位专业管理人员进行指导，针对华南地区古村古镇在保护与发展中取得的经验和遇到的实际问题进行研究、探讨和交流，以提高华南地区在古村古镇保护与发展方面的认识水平，为其他地区的古村古镇保护提供经验。莫绮萍代表小洲村宣读《小洲村的古建筑保护》。与会代表考察了小洲村并参观了村内举办的艺术展览。

7 月 10 日

广州市文联召开基层文联建设工作暨第二季度区（县级市）文联工作联席会议。小洲文联副主席、秘书长王齐应市文联邀请作了大会发言，介绍了小洲文联成立的思路和组建过程，引起了参会各区县、街区文联干部的极大兴趣和关注。

9月7—25日

由小洲文联、小洲青年艺术节组委会主办的"小洲村·COM"——首届小洲青年艺术节举行。此届艺术节分为"主题展"、"单元展"和"工作室开放展"三个部分，展览了包括绘画、摄影、装饰、雕塑、行为艺术等类型的100多名青年艺术家的200多件艺术作品，是近年来广州地区规模最大的一次青年艺术家作品展览，集中展现了广州当代青年艺术创作状况、发展趋势和艺术风貌。展览活动为期19天。广州市文联创作研究部部长严志强和海珠区文联主席刘华珍等领导出席了开幕式。参与展览活动艺术创作人员100余人，观众2万人左右。

9月13日至11月10日

中国民族建筑研究会民居建筑专业委员会、广东建设报联合主办"华夏风韵"建筑艺术摄影大赛，小洲村被列为活动摄影创作基地，摄影家和摄影爱好者到村内活动及拍摄。

10月5—30日

由荷兰驻广州总领事馆赞助的"'Play the People/玩具'中欧当代艺术展"在小洲人民礼堂举行。Paul Segers、洪荣满策划的中欧艺术系列计划已经进行数年，由5位中国艺术家和5位欧洲艺术家组成创作团队，分别在中国与荷兰选取特定不同的空间地点，通过体验和讨论空间的特殊氛围与环境带来的灵感，寻找一个共同认可的主题分别创作，最终完成一个与特定空间相协调的艺术作品，并分别在中国和荷兰展览。小洲村进行的是中国部分的展览。

12 月 6—8 日

由中国装饰杂志社和广州美术学院设计学院共同主办的"2008 全国设计教育论坛"在广州举行。12 月 7 日、8 日，与会代表分别在小洲村、佛山南风古灶国际创意产业园和南昆山十字水酒店就"经济变化中的设计与产业模式"、"自然村落的人文与文化保留"及"生态与地域保留的发展"等议题进行了实地项目考察和研讨。

2009 年

1 月 10 日至次年 2 月 5 日

大型展览"生态·生命·生活——首届小洲中国画邀请展"在小洲人民礼堂举行。入驻小洲村的画家与来自省内、广州市的 49 位画家的 120 余幅山水、花卉、花鸟、人物等作品参展，其中多幅参加过全国、省、市的大型展览。借此次邀请展，艺术家抒发热爱大自然、热爱生活的情怀，表达关注生态与和谐发展的愿望。

4 月 11 日

由中山大学 SIFE 团队和小洲村 .com 等机构联合策划的"我们的得与失——小洲村首场民谣音乐会暨小洲影像展示会"在小洲人民礼堂举行。心灵非洲鼓团、藏族民谣兄弟等十余个音乐团体和个人到场演出，观看者反响热烈。

6 月 15 日

在网上发布了由几名广州商业摄影师组成的团体"嘻嘻 TV"拍摄的"广州行系列搞怪短片"之《嘻嘻 TV 亚运广州行——小洲村》，宣称要借此种草根方式来宣传广州文化，宣传广州亚运。据信息时报载：此短片上传网络仅一天就有超过 44 万名网友通过观看视频认识了广州的这个古村落——小洲村。

7月19日至8月30日

广东省委宣传部、广东省文化厅、广东省文联和广东省美术家协会于6月23日至7月5日主办了"庆祝中华人民共和国成立60周年——广东省美术作品展览",向祖国六十华诞献礼。驻小洲的艺术家中有39位画家提供了作品,入选作品30幅。小洲文联和小洲艺术网在展览结束之后,邀请这些画家于7月19日起在简氏宗祠集中进行作品展示。

11月1—30日

由小洲文联、小洲艺术节组委会主办的第二届小洲艺术节举行。多媒介艺术、生态音乐节、创意去赶集、独立影像周、话剧季节、工作室大串门、梦游插画、瀛洲鬼飞踢和老祠堂等九个单元囊括了艺术展览、音乐话剧演出、创意市集、现场涂鸦、盘景等28项展览和活动。该届艺术节以"25°洲游记"为主题构想,提倡在人体最适宜温度环境下进行艺术体验之旅,旨在更大限度地呈现广州多元的艺术面貌,为众多艺术家、评论家及广大艺术爱好者提供展览、交流、合作的平台。重视小洲村艺术生态与广州文化现状的紧密结合,通过不同的形式内容记录城市文化变迁的点点滴滴。以"亲民"为艺术节开展方式、以宽广的视野以及灵活的活动方式引起社会各界的关注,推动了小洲文化艺术产业的发展。参与展览活动的艺术创作人员200余人,观众15万人左右。

11月12日

"亚运·小洲情——第16届亚运会周年倒计时庆祝活动"在瀛洲生态公园广场举行,海珠区宣传部、海珠区文广新局、海珠区文联、华洲街道办等有关部门领导,艺术评论家、文化学者、艺术家、画廊人士、媒体记者、瀛洲小学师生等出席了活动。

2009 年 11 月 14 日至 2010 年 1 月 11 日

由澳门石头公社主办，澳门特区文化局、澳门基金会赞助，澳门和小洲两地的多个机构合作举办 S/LOW 澳门·小洲生活艺术节。以"艺术'慢游'，体验'低'限"为主题，以提倡生活平衡之道的"慢活"精神为理念，澳门和小洲两地 30 多个艺术家及演出团体参与展演活动。艺术节设主题展、公共空间展、环境剧场、录像、电影等五个单元。将绘画、装饰、摄影、录像、雕塑、纸本水墨等视觉艺术作品在小洲各式各样不同时期的民宅中展示，把小洲的临水街道、河涌及两岸的居民房舍作为天然的展场，体现珠三角地区独特的生活与艺术交融的文化生态。

12 月 23 日

周树坚艺术馆举行开馆揭幕仪式。广州市人大常委副主任陈国安、原副主任陈传誉，广州市政协副主席林生珠，广州市政府参事室文史研究馆馆长张嘉极，广州市文联副主席周国英、海珠区委副书记董延军、副区长苏小澎，海珠区委宣传部部长刘晋生，中国文化艺术研究中心主席陈志雄、副主席黎艺豪、苏宝源，广州美术学院原党委书记杨珍妮、原副院长尹定邦等艺术界知名人士出席了艺术馆揭幕仪式。同时举办的"南粤印社成立大会暨首届会员作品展"展出了 80 多位书画篆刻艺术家的 110 多幅作品。

2010 年

1 月 29 日至 2 月 28 日

由小洲文联、小洲艺术网担任总策划，中国油画写生俱乐部、中国民俗摄影协会、广东省摄影家协会、小洲文联、小洲艺术网、德采堂艺术机构、华天艺术社、广州国际艺术空间站、小洲画苑、清和朗润艺术空间、朱子画廊等 11 个单位举办"小洲艺术博览会暨小洲艺术区一期落成活动"。这些机构联合主办了 23 项联展和个展，一大批老中青艺术家集体展出油画、国画、雕塑和摄影作品，充分显示了小洲艺术家的创作热情。这次活动是小洲艺术家的联合展示，也是一次诚挚情感的互动，堪称小洲驻村艺术家的空前盛会。博览会历时一个月，先后有 3 万人次到场参观，多个媒体跟踪报道，在广州地区引起了轰动。

6 月 6—14 日

由小洲艺术区主办、中国油画写生俱乐部（广东分部）承办、小洲文联和小洲艺术网协办的写生创作活动举行。来自北京、浙江、江苏、江西、河北、湖南和广东的 19 位油画家在广州小洲村、大岭村和顺德逢简村进行以广府水乡为题材的写生创作及参观活动，并参加了小洲村一年一度的扒龙舟活动，艺术家面对潮起潮落的水乡景色、万亩生态果园、古村落民居和端午节龙舟民俗活动激动不已。写生创作作品在小洲艺术区举办了"广府水乡风情画展"。增进小洲艺术家的对外交流是进一步繁荣和发展小洲绘画艺术创作的重要举措，这次七省市油画家的写生创作活动得到了驻小洲村画家的积极响应和参与。

10 月 1—31 日

小洲文联和小洲艺术节组委会主办的第三届小洲艺术节举行，由特别公众项目、多媒介单元、声态音乐节、独立影像周、广州本土月、梦游插画单元、瀛洲鬼飞踢、创意去赶集和工作室大串门等九个单元 31 项活动组成。该届艺术节以"野生动物园"为主题，从"野生"给人们带来的"原始、生态、自由奔放"的感觉中，应和着现今人们对回归大自然的渴望，试图通过多元化的艺术创意和单元展览等丰富的艺术体验活动，将各类艺术创作媒介引入一个社会学的角度，让艺术回归到人们的日常生活，去触碰人内心原生态的艺术召唤。参与展览活动的艺术创作人员 610 余人，观众接近 30 万人。

10 月 25 日

广州市书法家协会书法培训基地在瀛洲小学挂牌，这是市书法家协会在小学建立的首个书法培训基地。广州市书法家协会代表，广州市文联、海珠区文联领导，华洲地区文联代表应邀参加了活动。

12 月 9—13 日

小洲艺术区、朱子画廊、优游画廊、广州国际艺术沙龙、多瑞书画研究院、禾瀛洲艺术空间和清和朗润等 7 个艺术机构参加了第 15 届广州国际艺术博览会。各个机构展出的艺术作品引起了观众的浓厚兴趣，众多高水平艺术作品的集体亮相，引起了人们惊呼：小洲村来啦！

12 月 19 日

广东高校美术与设计教育专业委员会 2010 学术年会于 12 月 17—19 日在广东外语外贸大学举行，其间与会代表参观考察了小洲艺术区。

2011 年

1 月 22—24 日

为帮助因见义勇为救人而受伤的青年艺术工作者吕昆鸿解决治疗费用，由小洲艺术区、小洲艺术网、周树坚艺术馆、叶健强跑街、朱子画廊、优游画廊、华天艺术社、德采堂、一刀文学网、禾瀛洲、小洲画苑、紫韵堂、玄缘堂、清和朗润和广州国际艺术空间站等15个大艺术机构（空间）联合紧急倡议义卖捐赠活动。大批老、中、青年艺术创作人员和机构送来国画、油画、雕塑、书法作品以及各类工艺品、画册、图书等594件参与义卖，得到了社会各界的热烈反响。南方日报、羊城晚报、南方都市报、信息时报和广州电视台都做了相关的连续报道。善款和物品捐赠给伤者及亲属，鼓励伤者增强信心，努力战胜伤病早日康复，及早回到小洲村的艺术大家庭。吕昆鸿和家属对社会各界人士的关爱之情深表感谢。

3月11日至4月3日

蔡远河、方亦秀、何子健、胡诚、柯坎法、李超雄、梁圣淇、林伟祥、同力、杨介、杨伟、张广先、张嘉平、郑琦等14位入驻小洲村的青年艺术家集体在广东美术馆参加"无限接近前方——以'死亡'为题的当代艺术展"，展出油画、雕塑、装饰等艺术作品。

6月28日至8月7日

由广东省委宣传部、广东省文化厅、广东省文联、广东省美协联合主办的"百年风云——广东近当代重大历史题材美术作品展览"在广东美术馆举行，9位驻小洲村艺术家的作品入选参展。黄河雕塑《走向共和》获金奖、黄力生油画《风雨过后（广州解放1949）》获银奖、杨学军雕塑《开路先锋——以此纪念十九世纪初为美国修建太平洋铁路的广东籍华工们》获铜奖、陈宏践雕塑《浴火重生——向秀丽》获铜奖、张西油画《共和之光》获铜奖、王大鹏国画《一门三杰》获优秀奖、宣新明油画《黄花岗起义》

获优秀奖，杨小桦雕塑《中国最优秀之女演员——胡蝶》和许群波雕塑《1927广州起义军官教导团》入选参展。

10月1—5日

小洲艺术节和小洲艺术区联合参加在广州锦汉中心举办的2011中国（广州）文化创意博览会。介绍近年来小洲地区文化创意产业与活动的发展情况。

11月21日

广东省政协副主席周天鸿率省政协参观团到小洲村参观，听取了小洲村领导关于小洲村近年来发展情况的汇报，参观了尹定邦艺术工作室、小洲村古村落和小洲艺术区。周天鸿希望小洲村充分利用其独特的水乡环境和深厚的文化底蕴，尤其是李泳豪等大批专业人才来此进行艺术创作的优势，把小洲村打造得更具魅力，使小洲村得到更好的保护和发展。

11月28日至12月4日

"广州·现场"——第二届国际行为艺术节在小洲人民礼堂的优游画廊和小洲村的户外空间以及广州美术学院开展，来自18个国家的30名艺术家参加这次国际项目，包括美国传奇艺术家玛丽莲·阿瑟姆与法国杰出先锋诗人和艺术家朱利安·布兰恩等。该艺术节以关注当代艺术的广州三年展共同彰显广州作为国际会议和交流的大都市这一历史形象。

12月23日

50余位南粤艺术名家和各界友人雅聚广州海珠区小洲村，齐贺南粤印社及周树坚艺术馆成立两周年，以诗书画印、茶香、联展为主线，间以古琴、粤曲、茶道、酒会、诗书画印，挥毫作画写春联造福字，并作现场义卖。

2012 年

8 月 29 日至 9 月 20 日

广州市越秀区委宣传部、"艺术广东"组委会、东涞艺术中心和广州采堂文化主办的"南方青年艺术 100"展览活动在广州锦汉展览中心艺术区举行，参展画家 68 位 200 余件作品呈现出南方青年艺术家的创造力与艺术潜力。小洲村青年画家张西、崔弥莱、邓华高、方井、付毅兵、黎树林、李良巧、骆豪、王可珏、叶慧玲、游飘、曾曦、谢玉婷等 13 人参加了展览。

9 月 4—16 日

由广东省委宣传部、广东省文化厅、广东省文联、广东省美协等单位联合主办"2012 广东省青年美术大展"，入选作品 344 件，其中金奖 8 件、银奖 30 件、优秀奖 40 件。小洲青年艺术家陈宏践、陈锦钦、卢跃飞、叶惠玲、赵鑫、谢远清、方井、刘玲、孟新迎、崔弥莱、李汶静、李婉丽、李觉辉、李振中、王梁益、王晓琳、夏伯亚、邓玉婷、张西、周巍、张弦、韦潞、蔡远河、涂永平等 24 人的国画、油画、雕塑作品入选。其中陈宏践雕塑《游》获金奖、卢跃飞雕塑《俺们那旮旯儿系列之〈筵席〉》获银奖、周巍雕塑《周小鬼·杂耍》获银奖、张弦雕塑《朋友系列·龙兄》和《朋友系列·黄老师》获铜奖、叶惠玲油画《丛林记忆 No.3》获铜奖、赵鑫油画《旅游者（之一、之二）》获铜奖、谢远清雕塑《四季树人·秋》获优秀奖、韦潞漆画《万物生长》获优秀奖、蔡远河版画《乘机记（一）》获优秀奖。

10 月 12 日

广州市艺术品行业商会成立，同时举办"艺润岭南·会员藏画联展"。朱子画廊为副会长单位，广州市益源实业有限公司（小洲艺术区）为理事单位。

12月22日

第四届小洲艺术节开幕。该届艺术节由海珠区委宣传部和海珠区文广新局指导，海珠区华洲街道办事处和小洲经济联合社主办，小洲文联和小洲艺术节组委会承办。艺术节主题："蝶变"，即通过不同的艺术表现形式和不同空间，全面呈现小洲地区艺术创作的生态状况，展示小洲地区艺术成果，梳理小洲地区艺术家的创作思路，提升目前已经形成的"小洲模式"，呼唤艺术工作者、画廊、美术馆、策展人员及机构、专业文化服务和商业机构、公共服务平台和政府政策良好结合，积极推进小洲由自发形成的艺术聚集区向艺术创意区变化和发展。结合海珠生态城和美丽乡村的建设，让生态与文化的结合在小洲得到充分的体现。艺术与生态共存，促进乡村旅游和区域经济发展，建设可持续发展的和谐社会。

该届小洲艺术节展览活动分小洲模式核心展览和多元化展览两大部分17个项目。四个核心展览从不同的角度展示聚集在小洲地区的各类艺术生存状况和多元化，首次向公众系统报告了近六年来小洲艺术区在国家、省市及其他各项艺术活动中的获奖情况和艺术成果，围绕"小洲模式"的发展对区域经济发展的路向，探讨小洲地区文化艺术产业发展的孵化等问题。多元化展览包括绘画、建筑、摄影、讲座、剪纸、创意集市、行为艺术、工作室艺术体验等展项，"广东外语外贸大学艺术实践创新基地"同时在小洲艺术区正式挂牌。

（二）小洲村历史、名胜及游览路线（感谢广州市海珠区华洲街道办供稿）

小洲村是广州市首批历史文化保护区之一，也是目前广府地区唯一的自然景观和人文景观保存最完整的水乡，曾获得"广东省生态示范村""广东最美丽乡村""广州市特色乡村旅游点""中国乡村旅游飞燕奖之最佳古村镇文化奖""中国独具特色名村奖""中国生态文明楷模""第一批全国生态村""广东省旅游特色村""广州市美丽乡村"等各种荣誉称号。目前，小洲村又被列入"中国传统村落"保护名单。小洲村深得国内外游客的喜爱，更是广州市民放松身心的一块绿洲。

1. 走进小洲的历史

走进小洲村，你就能体会到其历史的厚重，仿佛融入了小洲蜿蜒向前的历史长河中。古村墙、庙宇、祠堂、书院、门楼、民宅、古桥梁、码头，处处都有古韵，处处都惹人遐想。这个面积达4.17平方公里的岭南水乡古村里，现有不可移动文物24处，历史建筑32处，传统风貌建筑28处。

水乡特色和古老的建筑，构筑起一个美妙的世界，形成了"河涌绕村流，小桥通街巷，沿涌种果树，街巷设门楼，白石街巷铺，河涌小鱼游，凉亭石凳多，屋院果飘香"的美丽村景，既古老又现代。"街—河—街""街—河—屋""屋—河—屋"三种临水空间特色的街道纵横交错，将古桥、祠堂、蚝壳屋、民居、古井等历史风光穿插其中，形成了令人难忘的印象小洲。

小洲村河网纵横，全村有桥19座，其中5座是古桥，分别是翰墨桥、娘妈桥、大巷桥、石桥、细桥，较为完整地保存了"小桥流水人家"的乡村风貌。

小洲村内祠堂众多，从元朝开村，明朝初简姓从河南新乡迁至小洲村聚居。现小洲村内有大量的保留明代建筑风格特点的简氏祠堂，包括简氏大宗祠、西溪简公祠、东池简公祠、慕南简公祠、月梅简公祠、吕山简公祠、泗海公祠7处。

小洲村内的民间信仰庙宇不少，以祭祀屏山简氏逸屏派的第三代祖先简佛的简公佛庙为最。简佛于元代成佛，被封为"灵应简佛禅师"，小洲简公佛庙的香火是从番禺屏山乡请回的，代代薪火相传。小洲村另有祭拜龙母娘娘的天后宫，当地村民称作娘妈庙。年代久远，先后于乾隆、同治年间重修。前门石岗岩石铺大街，东西两边分立拱北大街门楼和东渡大街门楼，前面涌上有娘妈桥，相互印衬。

小洲村水网丰富，人口密集，村内留存众多古井，现仍为邻近居民日常生活用水之源。井水丰盈，弯腰可汲；水质清澈，其味甘美。村内保留的众多水井从侧面反映了小洲村的人丁兴旺及昔日繁荣。小洲登瀛古村围、小洲牌坊码头见证了历史上小洲的繁华。

在小洲，不能不提的是小洲的蚝壳屋。小洲村内现存3座有一百多年历史的蚝壳屋。建筑材料主要是从沙堤里就地取材的蚝壳，以两两并排的组合方式，拌上黄泥砌成墙，是岭南"沧海桑田"的见证。经长年累月的风雨侵蚀，蚝壳已全部外露，坑坑洼洼的，但可从保存下来的点点滴滴中领悟到村民的智慧，蚝壳屋冬暖夏凉、实用美观。同时也可以感受到当时村民日出而作、日落而息的休闲生活。

小洲村内的府第民宅众多。现存大量三间两廊结构的清代民居，以砖、木、石结构为主。其中小洲村司马第为清代卿官司马后人所建。两座三间两廊建筑以花园相隔，硬山顶，镬耳封火山墙。另有坤木扇门、木趟栊，为坤甸木枋条。屋内结构未作改动，木拜桌、酸枝八仙桌等家具保存状况良好。

得益于小洲村得天独厚的人文风景，目前周末及节假日来小洲游玩的游客不少。基本上是以水乡风情、民居民俗、果园生态休闲、艺术体验四大主题旅游为主，小洲村蜿蜒交错的河涌及造型各异的小桥，古祠堂、宫庙、民居及蚝壳屋，艺术创作室、画廊和艺术场馆，吸引了大批都市居民前来游玩。

小洲特色的饮食也吸引了不少食客前来。果园农家乐的特色美食"泥焗鸡"、碌鹅、艇仔粥，木瓜酸、嫁女饼等，都是小洲的佳肴美味。

岭南特色的民俗旅游节庆活动，如元月花灯会、北帝庙会（农历三月三）、龙舟节（农历五月初五）、佳果会等独具特色的小洲民俗活动，也吸引了很多媒体前来采访报道。

2. 小洲名胜古迹一览

（1）瀛洲八景

"瀛洲八景"最早出现在明清时期文人描述古崇明岛美景的诗句中。而在昔日的小洲村里也有小洲特色的瀛洲八景。据说当年孙中山所领导的北伐第五军中，一位营长简应璇曾为小洲的"瀛洲八景"撰文，可惜失传了。那些到民国时期依旧存留的景观，有些今日已不可见了，成为小洲人心中永远的回忆。

（2）古渡归帆

小洲未通公路之时，村民出行则舟楫相依。小洲北约有一个古登瀛码头，夕阳下小船飘摇归航，帆帆点点。有民谣唱："水乡路，水来铺，出村入村一把橹。"

（3）翰桥夜月

翰桥即翰墨桥，位于小洲村西约，由小洲村历史上的卿官司马，也就是村中司马府第的主人斥资所建，至今已有四百多年的历史。桥长约 6 米，桥面并不宽，大概可并排走三个成年人，用料上乘，十分坚固，石桥两旁可同时坐 20 多人，至今仍完好无损。

翰墨义同"笔墨"，原指文辞。三国时期魏国曹丕在《典论·论文》中说："古之作者，寄身于翰墨桥"，亦可见卿官司马对后辈书运亨通的殷殷期望。

每到夜晚，村民都喜欢在翰墨桥上闲坐乘凉，谈天说地。月色撩人，树影斑驳，翰桥夜月，美境醉人。

关于翰墨桥还有个传说。据说百年前，曾有个云游四方的和尚因为担心翰墨桥受损毁，将两个药水瓶埋藏在桥边石板下，并说如果有人打开石板，便会发生瘟疫。尽管这只是一个传说，但村民至今没有打开过石板去查看。

（4）西溪垂钓

西溪就是西溪祖祠外的河溪。

据说以前在清净的西溪旁有一棵年过百年的水雍树，枝繁叶茂，绿荫如盖。有一位老人每天都会在这里悠然垂钓。西溪垂钓因之得名。

（5）孖涌赏荔、尝荔

在小洲村中西约之间，有三片果园，两条小溪潺潺流过，村民习惯称两溪为"孖涌"（孖：粤语"双生"的意思）。果园在河涌的滋养下成为沃土，长满了郁郁葱葱的荔枝树。每年荔枝成熟时，人们划船到此赏荔、尝荔。

（6）崩川烟雨

从前的小洲最南端外围田里，果树成林、浓荫密布，田间还盖有十多间供佣工居住的茅舍，布局错落有致。春雨如烟起，茅舍便笼罩在雾雨中，宛若渔翁蓑衣外腾起的氤氲轮廓。

现在外围田间茅舍已不存在了。崩川、烟雨，织成后人无限遐想的网，网住春雨时节的清新和氤氲。

（7）登瀛古渡·古城墙与古码头

古城墙位于小洲村北约，墙外就是登瀛码头。这堵建于清朝时期的城墙，长50多米，高3米，沿着登瀛牌坊左右两侧延伸。城墙用青砖砌成，外墙遍设碟口和枪眼。

清代广州作为中国唯一对外开放的港口，成为当时海内外商贾云集的国际商埠。但也引得狷獗盗贼虎视眈眈，他们拦船抢劫，危害居民。为了抵御盗贼，广州便处处修城墙。而为了自保，位于出海口的小洲村便也开始修城墙。据说当时为了防御盗贼，村里自发组织了民团，每天晚上分派12人进行守护。古城墙上留有洞眼，既可观察敌情，又可作枪眼自卫。在近现代，城墙的防卫功能已日趋式微。自1912年起，广州古城墙被陆续拆毁，因此小洲留存的这堵保存了当年记忆的古城墙尤为珍贵。有了古城墙的佑护，登瀛古码头便有了安全保障，于是日益繁忙起来。清代的登瀛码头还成为村落对外贸易的中心港口，附近又渐渐兴起了商业一条街，繁荣一时。

建筑登瀛码头的记载已经散佚，但由于小洲人对古迹的爱护，如今的古码头古韵犹存，旁边那数百年的大榕树和历经风霜的秋枫树（据有关部门鉴定，其为广东省内树龄最大的树木之一）依然常青，这些树所经历的岁月，便留待后人一一追溯、怀念。

（8）松径观鱼

小洲北约的河堤岸上、路旁皆栽有水松树。水松物种珍贵，形态优美，倩影倒映水中，与游鱼相映成趣。

（9）古市榕荫

常言道，榕树多者地必兴。小洲物产丰富，果香飘飘，村北约冠大荫浓的榕树下，就是远近闻名的小洲水果墟市。古市榕荫，人声鼎沸，是为一景。

（10）华台奇石

有言："未有小洲，先有华台。"华台是一处石头冈，处于小洲中心地带，也是地势最高处。在小洲还未开成之时，华台已在。石冈不奇，奇在石头四周长出的几棵大榕树。榕树竟可倚石而生，受霜露风以致森森然，故称华台奇石。

（11）司马府第

司马府第相传是小洲明朝时期的卿官司马，也就是建翰墨桥的主人的宅第。府第，只有"登第"成名后，获得当朝皇帝恩准下旨才能修建，非一般民间宅院。然而，村内却没有留下记载这位"卿官司马"的文字，无法了解其人其事，实在可惜，司马府第成为小洲的一个未解之谜。

（12）简氏大宗祠

村中最大的简氏大宗祠又称嘉告堂，是小洲简姓始迁祖的合建宗祠。占地 13 亩，合 8671 平方米，门设 99 道，取意长长久久。据《粤东简氏大同谱》记载，乾隆五十五年（1790 年）西溪派十五世创建祖祠，匾曰"嘉告堂"。祠堂修建距今已有 200 多年。

最初的嘉告堂分三进，第一进的两边仪门直通青云巷和白虎巷；入第二进要经过两旁有花岗石、坤甸木料精雕成柱的小广场；

而到第三进，房舍两侧的石栏围雕成八仙贺寿人物图，大堂高悬檀香木匾，上书"祥开瀛水"。两侧有文武楼、灰星楼各两层。

清代祠堂曾受火灾，又于1893年重修。民国时期做过学堂，新中国成立至1990年用作学校，又因"文革"之故，第一进被拆掉了，改建成两层高的学校课堂。这几十年把宗祠广场和空地建为村心公园。今日所见之嘉告堂，仅剩下拜亭、中堂和祖堂，祠内建筑也多做了改建，但"祥开瀛水"依旧静默不变。

在嘉告堂门前左侧，有一棵参天古榕树。榕树又称麒麟树，村民们尊称这棵古榕树为"麒麟献瑞"。据说从前小洲常遭水患，玉皇大帝怜恤百姓，就将此麒麟树植根此间，以除水患。麒麟树在此生根后，小洲从此免了水灾。所以村民尊称这棵古榕树为"麒麟献瑞"。

（13）西溪简公祠

西溪简公祠位于村西约，里头摆着简氏六世祖的牌位。祠堂墙外还留存着"文革"时期的毛泽东画像。村里还有几间祠堂已作他用。比如"瀛洲书院"的"穗侨简公祠"，这里常办画展。游客经过这里时，热情的艺术家还会邀请你入内观览。慕南简公祠也已成为艺术家的沙龙，祠堂外墙上还完整地保留了"文革"时期由大学生绘制的宣传壁书。另据村中长者回忆，小洲村的祠堂不少于27间。

（14）玉虚宫

玉虚宫又称北帝庙，位于小洲拱北大街上。本是供奉北斗真君的道宫，而现在供奉着北方真武玄王。玉虚宫始建年代已不可考，据镶嵌在庙东墙上的乾隆戊寅年（1758年）《重修本庙碑记》记载，玉虚宫分别在康乾二朝进行过修缮。玉虚宫至今香火不断，两侧一对楹联曰：德容静镇凝金阙，法服高悬柄玉虚。

广东沿海地区，人们靠海谋生。北帝属水神，位于水源之上，因此北帝是小洲的主神，即"村主"。供奉北帝的玉虚宫就是村里的"大庙"。每年农历三月初三北帝诞，全村的男女老少都要来叩拜北帝，祈求平安如意。从三月初一开始，村民要抬北帝公出游，通宵达旦的庆典持续五日。

除此以外，小洲村还有简公佛庙、观音庙、文易庙、金花庙、三乡庙、财神庙、洪圣庙、文武庙、社坛等。

（15）临河界碑

1921年，广州正式建市。1924年1月，孙中山以"大元帅令"正式把番禺、南海部分地方（包括小洲村）划入广州市区。同时，经孙中山元帅府核准，广州市政府制定了"广州市拟竖界地点图"。到了1930年12月10日，市政府便开始按图沿新广州市界竖立界碑。在小洲竖立的临河界碑共有两处，它们标志着广州市与番禺县的分界。从此，小洲便隶属于广州市管理。临河界碑是小洲从番禺划入广州的历史见证。

（16）蚝壳屋

小洲村现存三间有几百年历史的蚝壳屋，是不可不看的景点。

《贤博编》曰："广人以蚬壳砌墙，高者丈二三，目巧不用绳，其头外向，鳞鳞可爱……"小洲村也不例外，兴建的蚝壳屋相传有一百多间，后来经长年累月的风雨侵蚀和村民的拆毁，现在仅存三间。蚝壳墙的修筑方式是挑选大蚝壳两两并排，堆积成列组建而成，后再用泥沙封住，使墙的厚度达80厘米。用这种方式修建的大屋，因为在两层泥灰之间有对称并排的蚝壳起着隔热的作用，所以冬暖夏凉，而且不积雨水，不怕虫蛀，很适合岭南的气候。

（17）小洲人民礼堂

小洲人民礼堂建于 1959 年，整个建筑为土黄色，样式是当时很流行的苏式风格。1959 年正是"大跃进"时期，全村男女老少总动员，自己设计、自筹资金、自行建造，就这么一砖一瓦地把礼堂建了起来。现在，人民礼堂成为小洲村集体建设的代表作。

走进礼堂，迎面就能看到一幅写着"高举毛泽东思想伟大红旗奋勇前进"的标语挂在礼堂中间，墙上还有"跟共产党走全心全意为革命种田，听毛主席话完全彻底为人民服务"的标语，仿佛"大跃进、总路线、人民公社三面红旗"的口号还萦绕耳旁。

礼堂在 20 世纪 60 年代是小洲村的文化阵地，70 年代是政治、经济中心，曾经做过小洲大队的办公室、民兵部、信用社、大会堂等。由于年久失修，礼堂曾一度成为危房。2006 年，村民对它进行了全面的修缮、翻新瓦面，现在礼堂又成为小洲村的文化娱乐阵地。

伴随小洲人民走过半个世纪岁月的人民礼堂，是小洲历史的缩影。

（18）姻缘树

说起小洲村的树，除了参天古榕外，就不得不说植于村东约的姻缘树了。行过翰墨桥，再漫步过一段迂回的小路，行至天后宫，便见天后宫对面有一棵龙眼树与榕树共生共荣的"奇树"。村民们把这对相生相依的奇树称作"姻缘树"，象征夫妻恩爱，百年好合。以前村民嫁娶，花轿乐队都要热热闹闹地绕树一圈，再走过翰墨桥，才算是大吉大利。

（19）小洲石桥

小洲村内水网纵横，为了方便村民出入，陆续架起了许多石桥。石柱桥、石板桥、石栏桥、石拱桥等都能在这里找到它们的身影。所以小洲村可说是一座石桥博物馆。现在依然保存有大大小小、各式各样的小桥50多座。大多数石桥是半圆拱，翰墨桥比较特别，是全村唯一有石栏的桥。

其他如娘妈桥、细桥等，都很值得去走一走。这些窄窄的石桥，都不长，但是踏过小洲50多座桥，你会捕捉到这个村落最富有灵动的姿态。它们是以空间换取时间的艺术。行走其间，仿佛走在时光的长廊里，会有一种别样的视野以及一种古今的感慨。

（20）瀛洲公园

3. 游览小洲村路线指南

（1）东入口—东北入口

游览通道中段—南胜大街—中华大街—西园大街—西园直街—倚山大街—拱北大街—安定里—东道大街—登瀛大街—登瀛外街—游览通道北段

主要景点：

简氏大宗祠·麒麟树·小桥流水景观·蚝壳屋·司马府第·慕南简公祠·翰墨桥·大礼堂·玉虚宫·天后宫·娘妈桥·姻缘树·古商业街·简佛祖庙·三帝庙·古码头·古城墙·水果市场

（2）东北入口—西入口

游览通道北中段—登瀛外街—登瀛大街—东道大街—东庆大街—南胜大街—南胜大巷—新路大街—中华大街—西园大街—西园直街—西浦直街—西约大街—西成大街

主要景点：

古码头·古城墙·三帝庙·简佛祖庙·古商业街·姻缘树·娘

妈桥·天后宫·泗海公祠·瀛山简公祠·简氏大宗祠·麒麟树·东池公祠·小桥流水景观·蚝壳屋·司马府第·慕南简公祠·翰墨桥·穗桥简公祠·西溪简公祠·西江桥

（3）北入口—东北入口

拱北大街—西园直街—西园大街—中华大街—新路大街—南胜大巷—南胜大街—东庆大街—东道大街—登瀛大街—登瀛外街—游览通道北段

主要景点：

大礼堂·翰墨桥·慕南简公祠·司马府第·蚝壳屋·小桥流水景观·吕山祖·粤梅祖·简氏大宗祠·麒麟树·东池公祠·古商业街·瀛山简公祠·泗海公祠·天后宫·娘妈桥·姻缘树·简佛祖庙·三帝庙·古码头·古城墙·水果市场

（4）西入口—南入口

西城大街—西约大街—西浦直街—西园直街—中华大街—新路大街—新南大街—倚山大街—拱北大街—登瀛大街—东道大街—东庆大街—南胜大街—氹边大街—游览通道南段

主要景点：

西溪简公祠·穗桥简公祠·翰墨桥·慕南简公祠·司马府第·蚝壳屋·小桥流水景观·吕山祖·华台山·大礼堂·玉虚宫·天后宫·娘妈桥·姻缘树·简佛祖庙·三帝庙·古码头·古城墙·古商业街·泗海公祠·瀛山简公祠·简氏大宗祠·东池公祠·水果市场

（5）南入口—东北入口

游览通道南段—氹边大街—南胜大街—东庆大街—东道大街—登瀛大街—登瀛外街—游览通道北段

主要景点：

水果市场·东池公祠·简氏大宗祠·麒麟树·瀛山简公祠·古商业街·泗海公祠·天后宫·娘妈桥·姻缘树·古商业街·简佛祖庙·三帝庙·古码头·古城墙

附录二
档案资料

（一）《关于郊区果树、蔬菜、塘田入社情况的报告》（1955年6月24日），广东省档案馆藏

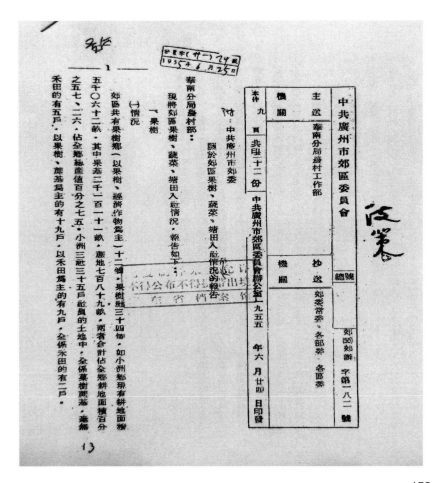

—— 2 ——

果樹生產的特點是投資大，需時長，周轉慢，收入大，培養一株果樹，少則二、三年，多則七、八年；果樹壽命最短的三、五年，最長達百年以上。果樹中又有兩種類型：一種是長期多年生果樹（荔枝、龍眼、楊桃等），產量無一定規律，如善於經營管理，即較為穩定，另一種是短期多年生果樹（香蕉、菠蘿等），生長有一定年限，且有源於遞減規律。

(二)當前果樹生產存在的問題

當前果樹生產存在的問題，主要有兩個。

(1)對果樹領導抓得不夠緊甚至有毛病，自土改以來，由於發揮了個體農民的生產積極性，現有果樹生產是有一定提高，但土改的結果，果基由較大的生產單位分裂為小的生產單位，而地主對果樹甚又多是個上經營。小洲鄉三十五戶地主，平均每戶地主經營的土地（包括租入）是六十五畝七分，大面積生產困難，如小洲鄉土改前百分之七〇、五三的果基掌握在地主和太公手中，長期來對果樹放棄領導或僅有一般化的領導，對許多可種樹的白基未號召農民種樹，在發覺和培養植枝方面照顧能以老樹養新樹，故能連片發展果樹，但是，我們一向對此情況認識不足，長期來對果樹放棄領導或僅有一般化的領導，對許多可種樹的白基未號召農民種樹，在發覺和培養植枝方面照顧果樹不夠（特別對幼樹照顧差），甚至機械地執行不許農民倒樹的規定；什基中的什樹不倒，主樹的生長便受到妨礙。

(2)執行果樹入社政策有偏差。如區多樹社對果樹是執行「評產入社、固定報酬」的辦法，打擊了漁農戶。有些社甚至執行以舍田定產為基礎，折數評產入社的辦法，特別是對幼樹的處理也多按白基評產甚至低於白基評產，則更是錯誤的。

由於對果樹的領導差。尤其是由於果樹入社執行政策的偏差，造成了下列惡果：

ㄅ、社外養民生產情緒不高。特別不肯發股新樹。土華一社幼樹評產低於白基。社外農民反映，我們的幼樹（似後要拔掉才入社）。小洲中農簡和森（青年團員）有兩畝本應種龍眼，但他只種木瓜說：「早晚曾集體，不要連本錢都拋不回」。中農簡維妹今年補種龍眼，大家笑他：「真是傻瓜」。

因此，小洲、共和等鄉土改以來新發展的果樹均不超過十五畝，而今年尤少。黃埔區去年此時，個體漁民爭着開荒種菠蘿，而今年除農社外無人開荒，在許多的地方比較篇裕的果農中（找一年，算一年）已成為散與臨心。而今年

過地是菠蘿苗無人買。去年菠蘿苗每百樹高達三萬元（舊幣）。而今年下降戶。

2、社中農和上升貧農不肯入社。入了社的也在勤搖。現在建的差不多是青一色的貧農社。小洲鄉三個社九十八戶，只有中農七戶，從百分之七點一。這些中農，又多屬糧種砍分子成原中農的下降戶。意衆反映：「他們如不是幹部、也不會入」。從百分之七點一。小洲鄉農業人口七百三十一戶，其中中農一百九十四戶，佔百分之二十六點五。這些人對入社基本無要求。有十畝楊桃基的中農簡華卓壁決說：「一婆不是一勤肥也不實給我，我便死也不入」。這是一方面。另一方面，入社的家裕農民也是動搖的。

突出的如土華一社貧農梁福亮有一、二、八分呆基是租入而自己開荒經營了數十年，目前正開始有收益的。社裏他無代價給亦承租。他思想無論如何不通。他兒女都是幹部、黨、團員，同來包飲發動了三次。勉強入社，但最近又藉口退出。

155

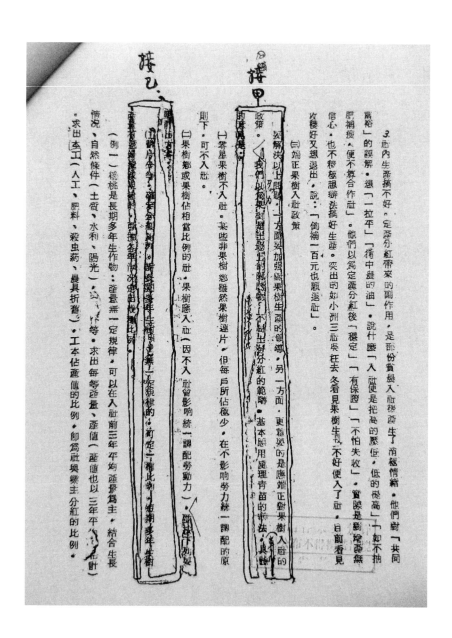

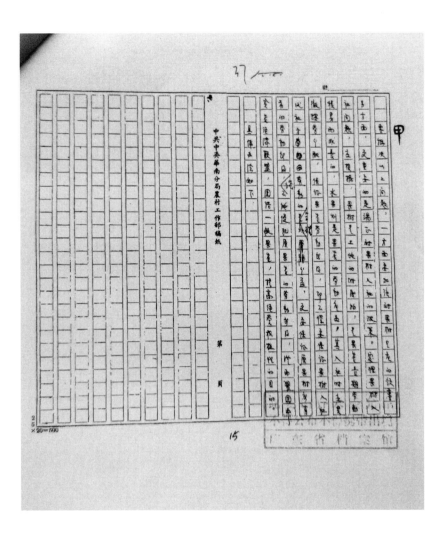

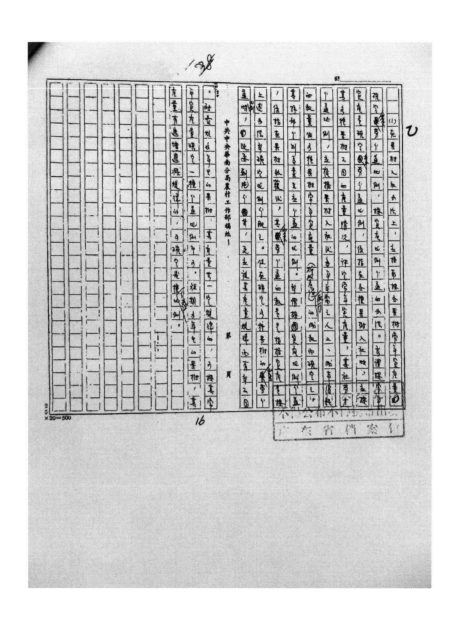

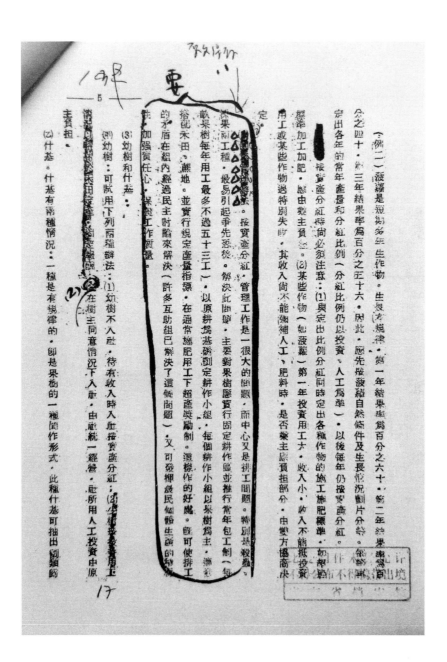

（例二）菠萝是短期多年生作物，生长有规律，第一年结果率为百分之六十，第二年结果率减

分之四十，第三年结果率为百分之五十六。因此，应先按菠萝自然条件及生长情况划片分管，以后每年仍按实产分红。

定出各年的常年产量和分红比例（分红比例仍以投资、人工为准），以后每年仍按实产分红。如按

按实产分红将尚必须注意：（1）与定出比例分红同时定出各种作物的施工施肥标准。如

菠萝加工加肥，应由菜主负担。（2）某些作物（如菠萝）第一年投资用工大、收入小，如

用工或某些作物过特别失败，其收入尚不能弥补人工、肥料时，是否菜主愿意担部分，由双方协商高低

定

按实产分红，管理工作是一很大的问题，所中心又是排工问题。特别基数

添果工种，最易引起争先恐后。解决此问题，主要对果树应行固定耕作区并推行常年包工制（一

献果树每年用工最多不过五十三工，以原耕为基础划定耕作小组，以果树为主，加

裕配末田、蔗地，并实行规定产量指标。在通常施肥用工下超过奖励制，这样可使排工

的矛盾在组内经过民主讨论来解决（许多互助组已解决了这项问题）。又可发挥较民个体生产的特

(3)幼树和什基：

(例)幼树：可试用下列两种办法：(1)幼树不入社，待有收入时入社，按实产分红；(2)少棵投资较多用上

主负担。

(2)什基。什基有两种情况：一种是有规律的，即是果树的一种间作形式，此种什基可拆出（划算的

——6——

按資產比例分紅等。稻什基是沒有規律的，可根據幾種主要樹產個，求出比例，亦按資產分紅。

我們認為按資產分紅，有下列兩條好處：

1、對貧農、中農均有利。按資產分紅，社內分紅部份的用工是按祇留工資計算，果樹技術活多，工資也較一般農活高。對貧農有好處。同時，目前部份貧農因受資金、技術等限制，果樹生產也較差，產量不穩定。入社後由社統一加工加肥，產量可以逐步穩定和提高，分紅隨之也捷高，對貧農的基本利益，對貧農也有利境。這是一方面。另一方面，執行資產分紅的辦法，能夠團結中農，定產分紅的主要缺點，是由於在目前經營水平下。果樹產量不穩定，定產難以準確。正因為不準確，多數便採取壓低產量的辦法。結果使資產戶〔多屬中農〕吃虧，對社內生產及整個合作化運動不利，也就有害於貧農的基本利益。

量打折扣。比例又打折扣。文冲一社有戶社員荔枝評為五斤，今年實際收成是五百斤，師產打折扣、產量偏低的綠故。壟來反映是「一漏三大」：林竣打折扣、定產分紅⋯

2、有利於生產。資產分紅⋯可彌補制度和教育之⋯對社內生產有利，對整個生產有利。

另十方面，連接可大大鼓勵社外農民經營果樹⋯樹植⋯對⋯

由於按資產分紅辦法較為合理，也就基本上為社內外各階層農民所接受。我們搜集到的反映是⋯

—— 7

(1)中農，絕大多數中後是贊成按資產分紅的，但們以為「定產分紅是死的」資產分紅是生的（意即對生產有利）。「死產分紅，等於磨替牛」。「資產分紅，大家有意識。」還希中農柴薪料芘至說：「定死產等於發大兒子給人享福」「如不按資產公紅，我也不入社」。還希少數中農是動搖的，「服從按資產分紅」，又想定產「穩定」，吳有少數中農的積極份子心同意資產分紅，但怕受批評，袁的上报安反動賞，「但這些都不能代表中後的主導思想。

(2)貧農，社外社內大部份貧農，基本上是前意資產分紅的，他們就「嘟蓋入社本來是不甘心的」，過政策规定無辦法。」但也有少數貧農（主要是社幹），反對按資產分紅，主要思想：(1)怕批評「怕說是「自發勢力」「贊成剝削」「社會主義覺悟不高」，一些果樹不好，在師產將又於以前領導上一再批評過「水源稻廣」的說法，因此在領導態度未明碻前許多幹部和羣眾是有顧慮佔「便宜的貧農，對糾正寫資產分紅起有抵觸，說「這樣豈不又是單幹」。(2)想搞油。如果果樹不好，又沒來收了。又沒有保障他們不是想搞好生產來求保證，而是想猪中捞海來求保障。(3)嫌麻煩，主要是社幹，郊幹說：「以前反對資產分紅是你們」，現在主張資產分紅又是你們」。有些很情

因此，我們準備，秋收前在黃塔，新滘蘆區各選擇一、三個果樹社照上述方案調整，其他即結合秋後進行全面調整，新建社一律按資產分紅，定產分紅的辦法僅在個

別老社試行。

二、蔬菜

郊區菜地有兩種情況，大多是菜米輪作，（菜田與禾田並無區別，另有少數則是連年蔬菜的菜園。

18

161

經濟效用較大，對於前者，照示田同樣辦產，不作特殊照顧，對於後者，則按實際情況，按稻穀產盤
適當提高，固定報酬（土地分紅最高不超過百分之五十）。

蔬菜生產的特點是投資大，需工多，周轉快，每年少則四、五造，多則八、九造（每造有主要收
穫，伊種主英又間作多種副類），隨收隨種，交錯不息，因此蔬菜入社最突出的問題是青苗的處理
。在多數情況下，發民入社與否，決定於青苗處理的好壞。

我們對於蔬菜（包括發香）青苗處理，根據不同情況採取了下列三種辦法：

經營，歸社收穫。

（1）對剛種下的蔬菜（包括剛復下的一年生經濟作物），一般可補同業主工本（人工、肥料
等），以後按實產（或規定期間內的產景）比例分社。

（2）正在開始或即將開始收穫的蔬菜（包括一年生經濟作物），可按作物種類及生長情況，辦出產
盤（某些連續收穫的作物則定於一定時內的收穫量），根據工本算出社與業主的分紅比例（人工照料
會工資計算，投資照社內經營水平計算，入社後用工投資佔產匯比例即為社佔分紅數），由社統一
出社與業主分紅比例。以後收穫時，按比例辦實產品。

（例一）蕎是一次收穫的蔬菜，入社時，可根據生長情況預定收穫盤並根據今後投資用工情況定
出比例與業主分紅比例。以後收穫時，按比例辦實產品。

（例二）芥藍是連續收穫的蔬菜，即從入社日起定出收穫期，預定收穫盤並根據今後投資用工情況定
並根據自入社期迄至規定的收穫期止的投資用工情況定出比例，以後在收穫期內按實產比例分紅。

3.正在收穫期或短期即可收穫的作物，由社所得。

經過收穫期的，由社所得。

配勞動力的情況下，可採用誰種誰收的辦法。

正在收穫或短期迄至規定的收穫期止的投資用工情況定出比例，以後在收穫期內按實產比例分紅。

3.正在收穫期或短期即可收穫的一次作物，在佔用土地不久，需要勞動力不多，不影响社內統一調
配勞動力的情況下，可採用誰種誰收的辦法。

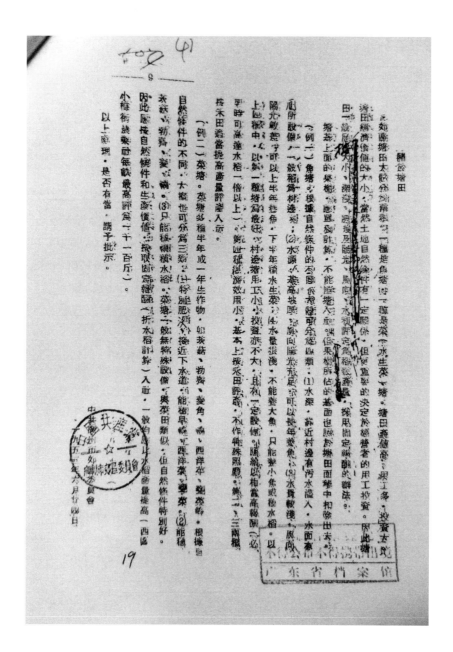

（二）《受全国表扬、奖励的先进儿童工作集体登记表——新滘公社小洲大队幼儿园登记表》（1960年5月），广东省档案馆藏

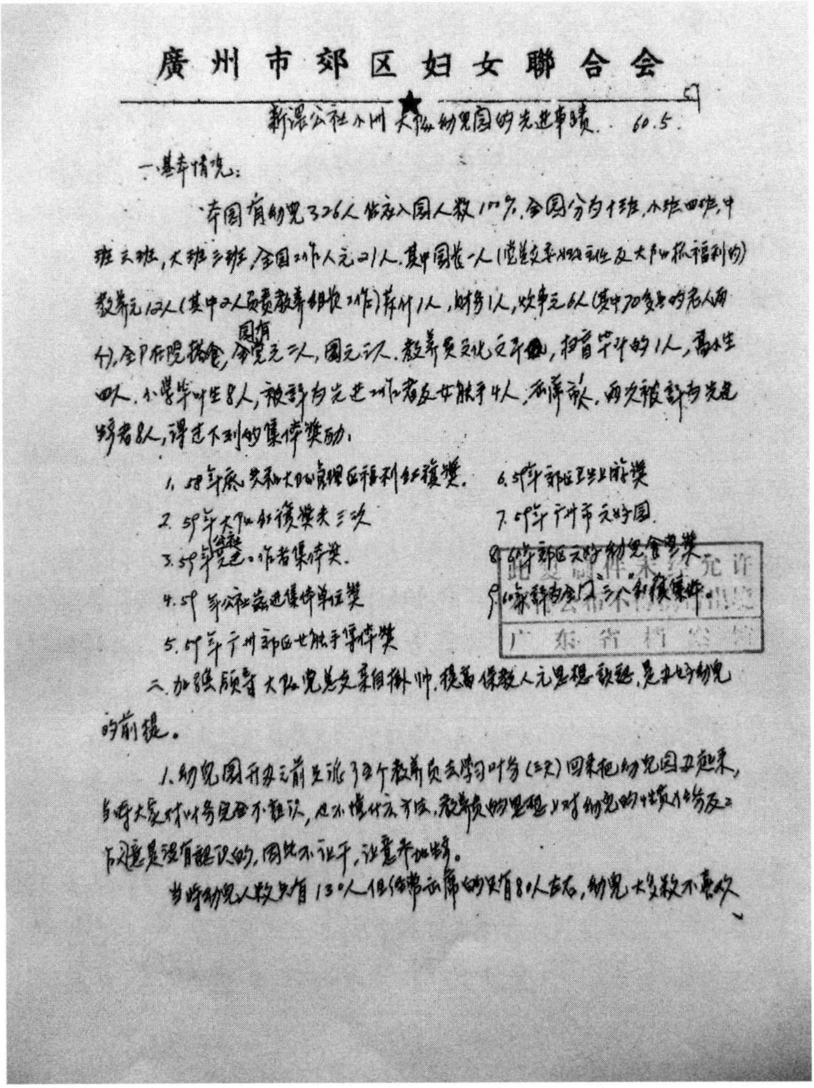

廣州市郊區婦女聯合會

到幼儿园，往常是回家，在幼儿园中纪律也很混乱，教养员里来主意，当时的园址很差，只有一间破烂的房子，什么设备也没有，甚至连桌凳都得向人借个凳，由于幼儿园办得不好，家长很不满意，都不放心幼儿到院，总怕孩子吃不饱，带来有孩子吃东西，同学多争玩物带回少。还有女学生也没有经验带好孩子，没有上了年纪的人才会带好孩子，甚至有一些干部也有这种思想，因此也直接向党提出了这些意见，初步时大队领导对幼儿园也不重视，没有负责顾问，很多问题得不到及时解决，由于这种原因，教养员思想苦闷，更不安心幼儿园工作，要求回去搞生产，由于以上情况，故在195□年□月公社幼儿园合并中，被合拼了两个幼儿园。

2. 自从被合拼为两所园后，大队领导经过了检查和教训，开始对幼儿园重视起来，即召开了支部会议，批出了莫惠民同志（妇女主任）负责顾问幼儿园，并通过支委会改变和某一通知召开全体教养员会议，逐日几个晚上进行检查讨论，很重要，分析清先进行辩论，结果思想通了，明确了幼儿园工作也是为群众好好劳动，教养好下一代是党政交给我们的重要任务，同志们开端住，陈会珠等几个园先带头提出保证搞好工作，来好幼儿园，真心的也提出立好的保证，加强恒心，并决定了一些具体做法，也大队把那些积极路同志，全体教养每现开展工作劳动，搬运货店的物品，清洁环境及打扫尘水等，经过一翻劳动，园貌焕然一新了，但设备也很粗糙，例如没有枕仔给幼儿些，没有床给幼儿睡，大家就想办法，征得大队同意，将稻草挑作为枕头打仔，又用旧布作玩具之些，为了使幼儿玩得好，派了两个教养员到广州市玩具花等观学，学造些玩具，并画了些玩具，回来，带动了全体一起别玩具，当时别作玩具的热情高涨，每晚劳作到

165

廣州市郊區婦女聯合會

廣州市郊區婦女聯合會

1. 每日联合理的，组织幼儿过生活，注意动静配合，按照教学大纲，使幼儿都能浮早操、游戏、唱歌、念歌、画图片、做纸工、泥工等养成良好的生活习惯，认识自然界是丰富多彩的，集体生活。2. 通过学习，根据各年龄儿童的年龄、个性及适当多种多样的方法，对幼儿进行教育，如大一班有了智力较差经常要迟早，老师便设成分解他的个性和兴趣，知道他喜欢看图书、听故事，用这个来满足他的要求，逐步进行关怀教育，目前该孩子已经愿意次回家。3. 田于是程党课，培养幼儿好的品质，遵守纪律，敢于讲讲集体剧类教材，一个季度用剧造了3四个故事，□□□□□□□□两首歌，两个舞蹈，另有两首念课动作歌儿。

四、员物动作如图。

1. 全园幸好制定玩具有 160件，都有小的数量，为全年约有二30多元。2. 替小孩现现袋，减轻日教的麻烦，口节约了成，每月支节约73.45元，这是花费满意的。3. 节的食堂平安，又便幼儿食得好，加工人员每系或种1.5左菜，每月节约的60－70元，又自垫着油系。

四、做好卫生工作，护理工作，关心幼儿健康成长。

1. 每天保证幼儿三小时午睡时间，经常到外边去散步，并做好卫生，坚决贯彻七项

①别夏口保持环境室内外清洁卫生与讲话。⑥用具消毒。⑥培养幼儿不合手指，不挖鼻孔，用自己手巾，擦好嘴眉等。④每天洗脸两次，饭前、饭后洗手。⑥星期日剪指甲。⑥教养员单保持个人卫生，不脏呼，要等⑦。⑥成党幼儿都有预防接种，及各项预防措施。和他带排到卫生院去进行身体健康，教养员研究悟身病等等。

4.

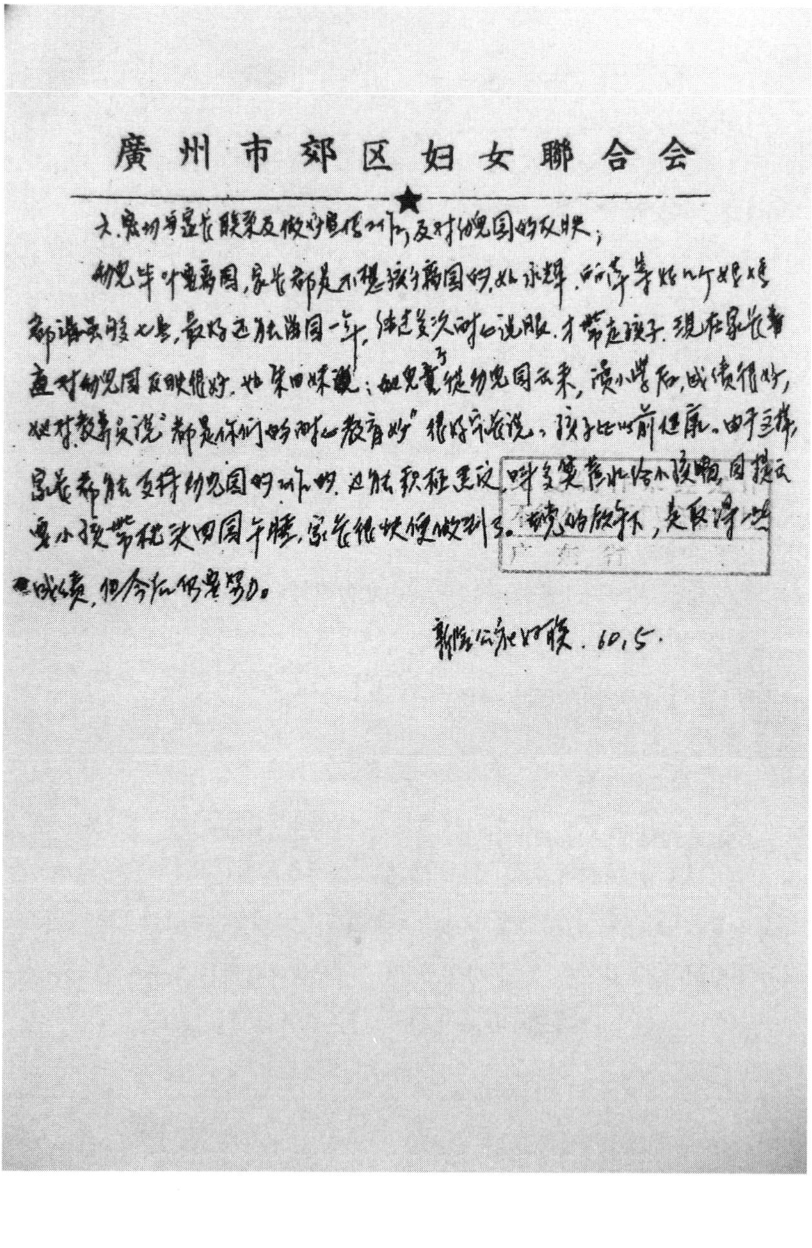

廣州市郊区妇女聯合会

六、家访与家长联系及做好宣传工作，及对幼儿园的反映；

幼儿毕业离园，家长都是不想孩子离园的，如永辉、何?等好几个姐妹都请求能够七岁，最好还能留园一年，经过多次耐心说服，才带走孩子。現在家长普遍对幼儿园反映很好，如梁田妹说：她儿子从幼儿园出来，读小学后，成绩很好，她对教养员说："都是你们的耐心教育好"，很好家长说，孩子比以前健康。由于三楼家长都能支持幼儿园的工作，还能积极建议，叫多买点东西给小孩嘛，园提出要小孩带被来回园午睡，家长很快便做到了。幼儿的成长，是取得一些成绩，但今后仍要努力。

新滘公社妇联 60.5.

小洲系十二世懿菴公

公諱上貞字仕衢號懿菴西溪公昆孫而晉碧公子也在昔公
曾祖王父慕南公仁厚方正冶家嚴而有濟子孫稍有過責之
不貲必改乃止年八十六當嘉靖間不求聞達以經史教

稱曰從子不稱曰姪董文從女古女子
稱兄弟之子曰姪男子無此稱也今令甲
文則有伯叔姪之稱然為古文者別焉月
與肉通屬音觸爰書已見前十二世女岳
公傳平反讀反音翻
又按更生公守迪功郎而縣參軍公自守
之志也或以參軍稱之非也

授成立者多王父泗淮公守家廬而傳父瑨碧公且讀且耕蔚
然稊稗適明鼎革隱居脩身急人所急樂善休休當業百數
十畝命子孫輪司祀事立書田三十畝以贍子孫入學者半七
十三常豫壽考作人之計懿菴公喜承先志好學不倦旁通星
緯康熙時補邑庠生由鄉北約建瑨碧公祠嘗曰吾家
歷世忠厚譜學勤誨其後當有興者追曾孫燕以鄉舉孝廉圖
宗事從昆孫叔琳以聯捷進士戍宦績果如所云又宗人有能
念慕南公而追其德者十八世炳垣字爍昭號星台瑞昌公子
亦懿菴公從昆孫家貧力學事後母以孝聞嗜經史古文以
舉業八股文為汲汲試不得遂止不就試隱居講學門人同稱
曰和靖先生以比宋君子之名蓋其試而知止惟以善養以

粵東蕭氏大同譜　家傳譜　世傳　　　一八　卷一

祿養而其脩譜能學於時如尹和靖其人也當是時有三世
及其門而瀟笑焉懿簪公年七十八子二伯帝臣仲帝心帝臣
學不干祿理家財無所私年八十二帝仰列恩貢蠶卒
遺孤惠潛守節母梁自有傳惠潛生嗚球列邑帝心更名琛列郡庠琛生
蠶卒聘妻李宇貞嗣子叔琳自有傳生嗚球列邑庠琛生
熙列邑庠熙生燕自有傳

謹按昆孫詳章涌糸九世松庵公傳牟音
進閱達讀聞去聲壽考作人本毛詩義從
昆孫讀從去聲尹焞賜號和靖處士林逋
賜號和靖先生皆見宋史本傳今謂如尹
先生也

小洲糸十二世佳士公諱稹士公諱
佳士公名以字行東源公雲孫而惠客公子也生平好學為文
有奇氣斂焉倫而睦族於姻戚能厚於朋交能信有善皆獎其
所施者皆宜詩大雅所稱老成人者公叶其稱弟良士性柔和
讀書為善能友兄以偕藏七世粵梅公祠良士公柟建為族女
孫廣義迪邦公子明敏識高性以讀書為願有己欲達而達人
之志自捐田於泉先偶舉學者考費書田庶幾文明日大也族
昆孫燿彬秉慈公子有善人信人之稱遇明秉洛公積學有
漢時長者風金楊景耀公子孝友化文明之稱
直咸豐時紅巾寇平邑辦普後每勞苦至衝乞保良民太清之

當生敷載積有餘資置田數十畝自開子戶完稅名曰大有戶
寄高邨圖甲內既而加收受困適康熙五十七年戊成丘邑令
行文凡有寄稅征米在別圖甲者許呈明撥戶歸宗於是始德
公二子伯仲綢繆為久遠計遂以花户受困呈明請將大有戶
編撥於圖步堡六十三圖四甲宗人思茂户庶免刻剝丘邑令
如所請撥給執照至今賴以見吾宗先人情重綢無疑此
之分故能撥戶永以共完國課以行道光十二年丁
煓公子為大宗子十七世八十九賜壽官乾隆十二年丁
卯率六房蠶昭蠶穆刱建祖祠宗禮以行道光十四年甲午脩
祠後輯糸譜焉

謹按禮說為君使而死未達君命者其介

寅所公寅剛公皆以字行始德公子也原居南雄珠
璣巷其序在十一世迨明季遭兵燹散始德公迷途失
同遷廣州中途驚失忍痛居南海高邨其後定橫江鄉今摘
其迷明唇避亂奔適江廣州
尋訪父蹝痛其竟失忍痛居南海高邨其後定橫江鄉之志也
始德公為始遷者以志同遷父父同遷之志也
其後傳序即承十一世始遷者而迤數焉當在高邨時以其初

橫江糸十二世寅所公寅剛公諱稹諱
謹按孟子云善人也信人也人本漢書長子丁丈反
子秀覆為族仍孫脩譜力採訪此於佳士公後皆有稱也其名
以字行皆然諱稹諱

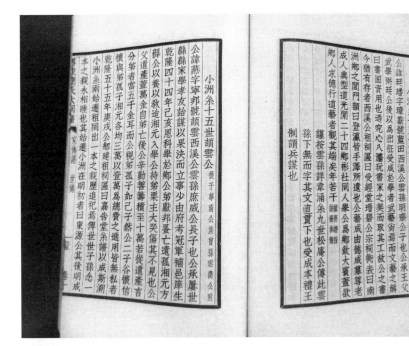

171

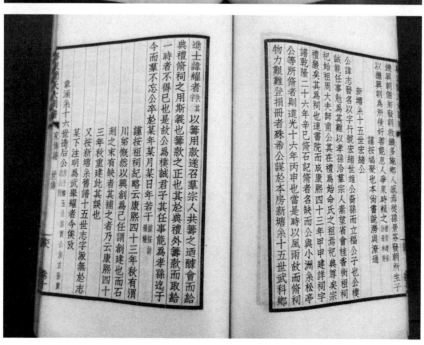

（上右）

岭东蒲氏大同谱

人极南被选焉有司嘉之议敦五品职衔素笃孝思光绪三十
一年乙巳与润原信熙耀熙业熙等议自七世以下列祖改葬
如礼董诸近以次为之也越十六年辛酉枢南年七十在省而
卒殁松广仁晋堂同人以其终身乐善不能而其家萧然也厚
聘之子六人君子曰琼樱以诗自乐如诗以孝子枢南乐
西南隅之奥为主迎神在此今日说古制宝以
谨按进七到反深造本孟子说古制宝以
也喻利本论语说顺德志有李子长传感
应说详黎涌糸二十八世俊修公传
公釜孝孙有庆皆吉人也其无愧为吉人居易哉

小洲糸十六世显泽公　族子达庆公仝蓄公题

（上左）

岭东蒲氏大同谱　　家传谱　世传　　卷十

公讳徕字显泽西溪公裔孙而冠蕃公子也父大尝有庆拜国
民锡爵之命公藉余庆廉不妄取俭不妄费发奋为人自拟堤
围之业几百亩谚则曰白手兴家公之谓矣其配氏曰林为穗石
邨贤女子既归则佐夫之志如国风卷耳诗志存内助者宜
公以郏业兴也公年八十六道光末学乡饮大宾尝观礼时如
见齿风图中秀眉之老自禾稼场圃而来升堂饮酒以飨燕羊
也子金润年八十五锡寿其年九十三有缕然升其升字达庭锡祥公子以
攸好德克寿耦用鸿范箕畴其九十三有缕然矣其身未至迩邦其德能远
州里行孚行笃信行笃敬虽蛮貊之邦行矣言不忠信行不笃敬虽
语云言忠信行笃敬近行州里身未远邦其能远勇为中庸所
行岂不可知乎哉论语云见义不为无勇也公见义勇为中庸所

（下右）

谓达德之勇者有焉族子松安字和中号仁寿兴耀公子老独
力田子肇植请其节劳乃谓其子曰劳动者强逸豫者弱余生
平少骈似由体强实则常劳动以致斯令人所以难康宁者皆
田事俭积中资公继志以孝睾推所为祖祠蓄告堂子孙读书
者入场考费养学书田公称扬之先自捐田指金又蓄书田其
好逸一念误之也论者谓其言叶古无逸之意焉其年八十六
成其美十世祖泗海公尝业无多欲设子孙考费书田其难也

小洲糸十六世松亭公　族子达庆　
　　　　　　　　　　　　谨按礼说云八十日耋大尝用周易文

公讳光重字文郁号松亭西溪公裔孙而醇圃公子也父勤劳
田事俭积中资公继志以孝睾推所为祖祠蓄告堂子孙读书

（下左）

岭东蒲氏大同谱　　家传谱　世传　　卷十

公讳为醇金而让其始或言会恐敢将众累公适自出湖
田二十亩为时以为会信按物别名其会曰浦也其会曰辅仁堂公迫会满无
累簿据书为其后有欲侵其利者无以浦也其会曰高祖仁堂公
无尝业公经营渐积因而为尝业数十亩曾祖王父寅亮王父瀛山公
公独任而为也伯叔从祖以下序皆洽也其以孝睾推若
为之力矣会桂香街祖祠公任重修皆洽也其以孝睾推若
此公自奉省会布服食蠹而已凡亲友贫乏者求无不与至再
至三犹不吝亦无德色母舅之其佗哀葺遗骨乡多板橋久将
圮公谋完娶给田瞻以石乡坊表水步道路修之辄助工道光四年
赎旧居色水娶给田坊表水步道路修之为二十四乡诵习之所董斯建
甲申凌进士旭升建彬社书院为二十四乡诵习之所董斯建

小洲糸十世泗海公

龍香出行所謂有要而奪龍香者久成陋習公念此非重罰之
嚴不革也迺集眾祠中定議曰奪龍香者罰十金公密令家人
犯之先自如罰後無敢犯其陋習遂革此事雖微亦足見
苦心正俗也

謹按番禺縣志云石井橋在石井鄉東距
省三十里左界南海乾隆間大吏發帑興
建李恭毅捐俸重修後圮道光十年蘇鴻
重建橋長二十餘丈九眼其言九眼者
據舊而言未詳也南海縣志云石井橋地
與番禺相錯道光己丑建橋分七肇每肇
約三丈其言七肇者據新而言亦未詳也

海東蕭氏大同譜　家傳者　世傳

千年公卒於道光某歲七月十六日鄉俗迎娶有像喜之物曰
也其時周進士同邑蘇孝廉鴻以橋圮而倡重建焉請之公董
其事公住祭之橋長二十餘丈眼公讓改分七肇俾水
易疏行且可祭之數千金橋成不憖於素若此則其善推及外也
公本質翁年三十三始舉一子嘗以憚墓積勞瀚年疾痛及
後連舉六子皆火雄其生也在乾隆丙子歲間九月二十六
日越七十七年為道光壬辰歲閏九月是重逢閏生日也子英
桂等若是乎為酒以慶邑內外士大夫因閏介壽壽者二百四
十餘人時周進士曰新也若南海名宦徐大令

常存濟物志當易慶時為邑庠士時有嫁孤其鄉者買海盜供
曰鎮族名輝者其同夥也有司圍捕嚴勒交鄉人奔避洶洶公
鎮靜不驚柔楷吾宗名輝者凡十九人皆子弟之馴者也鎮安
生業公迺親攜十九人赴邑治所入自張邑令曰子弟十九人
名輝者今皆至矣即欲質訊陰使曼至但請所非索輝者皆指他
懼其通難誣矣即令皆勿告其曼為鄉人裝何事也
證云何斯難誣如盜曰皆非也其後乃召吾宗人如盜指
故速其曼集於庭指證盜竟誣指侍役曰吾宗十九人今
羅拜邑民父母前幸謝還鄉矣於是買海盜供者計不得行而
讓為同夥公笑而意解請危令日吾宗十九人

海東蕭氏大同譜　家傳者　世傳

公諱鳴球原名啟楷字夔颺西溪公奇孫而錫純公子也公少
孤母林攜之外家勤斯以肓蔚然有成既長讀書曰邁有智術
之要截也讀平聲

小洲絲十六世　夔颺公

以其皆未詳改著也合二志而詳之則見
松亭公改著之能矣道光九年己丑興工
其成在十年庚寅也
又按韻古埋字紀愨也庀音比其也
不憖於素本左傳周日新徐台英各有傳
在其邑志周為臨湘令迎養籥母不至即
辭官歸養也徐以道光壬辰舉於鄉有

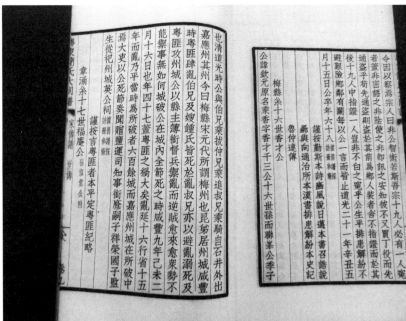

公諱欽元原名乘香字香才千三公十六世孫而聯峯公季子

魯仲連傳

謹按勤斯本詩齒風說曰邁本書召諧說
酈與向通治所本漢書排患解紛本史記

月十五日公卒年六十八
後十九人中指證一人必有一人寃
通盜平苟完全指證之非陰使之非即使之安知彼不又買丁役而先
者蓋非密語之非即盜盜則盜於其前為鄉人裝者舍不指證於其
令曰以察焉宗人曰非公智衡衡若斯吾宗十九人必有一人寃
避巔險鄉鄰有寃每以公一言而皆止道光二十一年辛丑五

梅縣糸十六世香才公

世清道光時公與伯兄乘拔仲兄乘追叔兄乘騎自石井外出
嘉應州其州今曰梅縣宋元代所謂梅州也昆弟居州城咸豐
時粵匪肆亂伯兄及嫂鍾氏皆死於亂叔兄亦以避亂溺死及
粵匪攻州城公以縣主簿銜督兵禦亂愈來愈泉勢不
能禦事無如何城破公在城內全節死之時咸豐九年己未二
月十六日世年四十七盖匪之禍大矣亂延十六行省十五
年而亂乃平當時為所破者六百餘城而嘉應州城在所破中
為大吏以公死節聞贈鹽運司知事銜蔭嗣子祥榮國子監
生從祀州城英公祠

謹按言粵匪者本平定粵匪紀略

韋浦糸十七世福庵公

粵東韋氏大同譜　家傳譜　世傳

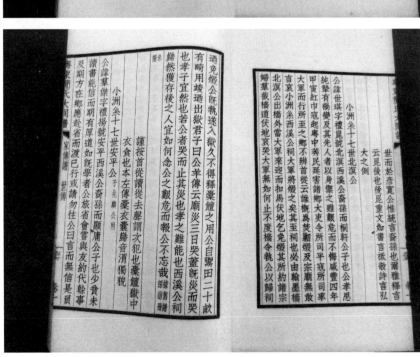

公諱世祺字體崑號北溪西溪公裔祿而桐軒公子也公孝思
純摯有稿變及其先人以身禦之雖觀危而不悔咸豐四年
甲寅紅巾寇起粵中蓆民延害諸鄉大吏令所司平寇所司率
大軍而行所至之鄉不辨首從云誰慨焉焚勦燬及宗顧無散
言哀小洲糸西溪公祠大軍將迎而扣焉伏地乞免懷其所約諸宗
北溪公出橋外當大軍來迎而扣地哀哭大軍無如何止不度橋
婦華截橋道伏地哀哭大軍無如何止不度橋令執扣公以歸祠

云昆後也後昆重文如書言祗敬許吉弘
大之例

世而於彥覽公惟統言裔孫也爾雅釋言

小洲糸十七世北溪公

小洲糸十七世安平公　子北麟公附

公諱肇傑字體揚號安平西溪公裔孫而顯庸公子也少貧未
讀書能信而明有厚道如飢學者公旅省會嘗與友約代輓事
及期方在鄉應赴省而渡已行或請勿往公曰言而無信是頁

有畸用竣邇出獄君子曰公羊傳云廟災三日哭盖既災而哭
也孝子宜然也若公者哭而止其災也孝之難能也西溪公祠
歸然獲存後之人宜如何念公之艱危而報公不忘哉

謹按首從讀從去聲謂次犯也犯也
衣食也本左傳愛衣囊歸音渭獨貌

洒免燠公餒執送入獄久不得釋槖鑐之用公自鬻田二十畝

粵東韋氏大同譜　家傳譜　世傳

人也我可負人則人亦可負我是貢人矣殊自頁也遂徒步抵
省代輦事不爽約此其信也有鄧氏富家子人多譽之公獨不
喜其人告諸兄曰少年子弟不論家產不務正業行見其遂落
涉偏邪鄧氏子來購公所畜之織纓袍價成適去已俄
頃卽如價交來家人未或疑也公返如之汝曹受欺矣至住
而不責償價此其明且厚也公年七十而終有五子伯子德祥
字傳信號北麟性孝友不辭勞所業纖機給家織袍價成藏
德蕘此如古稀如弟多者積於叔弟弱而嗜學
伯兄樽節供其學費伯兄婦亦時質簪珥以助之光緒三十一

年乙巳叔弟邑試列榮元適詔廢科舉伯兄迺謂之曰讀書豈
爲科名已哉且人貴自立耳何患無知遇乎會警察學堂招考
伯兄命德鎏應考踰年畢業選巡警總局課員伯兄又謂之曰
世人輕廉吏謂置木偶於官衙勺水不飲豈不廉甚其如無用
何此爲廉吏不然則須知彼此不飲豈不廉甚其如無用
就令有才適足濟貪害民愈甚汝初入仕途他日升沈不可知
惟始終以廉爲本毋爲子孫羞也君子曰周官六計
尚廉之訓近世士大夫多棄之不圖宗族羞也君子曰周官六計
弟闈叶周官斯識寘爲何如哉伯兄三十五以過勞病歿
翻流水祇我心腸沒轉格蓋所居近省垣西濛也由是素服守

公諱逢吉字節仁號夢香西溪公裔孫而蘷颺公子也天寶英
敏仁厚而義能慷慨少失恃哀慕終身自始學以來華讀書
弱冠以儒士知名試於邑令郡守者每登前茅旣而止不赴試

小洲糸十七世夢香公
蕣公傳

計者云一日廉菁二日廉能三日廉敬四
曰廉正五日廉法六日廉辨皆尚廉也
又按積於叔之稱詳新會糸二十四世陶

發憤讀內經傷寒金匱諸書此有悲感焉以母杜弟雪甫蚤卒
皆誤於醫故也公醫學旣久遂爲名家儒醫踵門求治者殊無
暇日其貧者輒與之藥凡公嘗以進士傳其學皆續成之都爲
醫書猶未完藥而公卒子叔琳以救人者爲善萬人著有儲梅草堂
四卷附以生平所治醫案公嘗謂子孫曰世世相傳毋失醫學
此學有傳而良相而言汝等當書漱古篆八分擅文范文金石
遠於手澤猶存公既不爲庸醫所誤且可以救人范文金石
莫釋也一試列前又不再試此如華元化通諸經者也同治
非戰之罪也人曰醫非儒不精此如華元化通諸經者也同治
三年甲子四月二十二日公卒年六十以子叔琳出嗣祀贈中

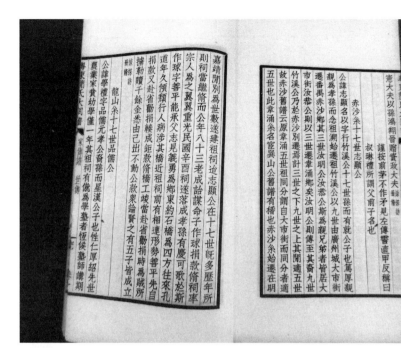

屍如有開罪予自當之遂特稟告哀大府發帑二十萬公親核
散賑不假手胥吏饑民以濟四閱月而畢帑金易錢以散折為
餘利向歸縣委此次餘利八千金有奇公忍取偕沈呂令以
此金備復邑之商河石橋是橋傾圮後民皆病涉甚乃溺斃非
惰復不可也差徼瀕行邑中羅拜狀道者數萬人且有泣下自
是大府益器重之命司饑局識局考官公以秋試之
先後議敘加一級乙酉八月命鄉試其萬而取中者十四人瀕山
九而達至是悉心閱卷窮日徹夜其鄉試萬而中者十四人瀕山之
東分房得士之多以此為優旋命司河南永夏飈政公始名家
人來官蹕蘆公以國事辭家事惟叔子鴻軿隨侍其地衝要且兼鹺政
見者已三年矣子十月命簀沂水縣事其餘家人始名家

緒壬午果舉於鄉揭曉日公適坐本生母家報至墓前公
無喜色反哭不成聲斯感先人之不及見也年四十公將東迤以行
保全無幾何懼盜如公之策公年東迤以行
世而學經祖皆謂日子之才必不以諸生終教勤赴試黃中丞槐森歎
山民嘉謝皆識日公適坐本生終教勤赴試是年光
士以卽用知縣命發山東臨年閏五月至山東需次六月河決
大府命赴惠民縣察水簀公巡視哀之請守令不聯各且君以書
裏再請賑大府皆不許公欲三請守令不聯各且君以書生
初登仕版大府命惠民縣察水簀公巡視哀之請守令不測或觸所忌奈何
保夕若不為之請命勢必挺而走險乃愀然曰予視一官如敝

試竣特調朝城縣其時邑多盜糧務官民交訟前且戕官令黃
令患之請大府以公代任從之公至洞悉其邑糧務由胥吏包
微包解民不堪苛擾相率逃役籍票追乘機狂噬戶多破家
其弊久矣公乃減輕行部與父約初編量其出盜也捐廉募兵而訓
自封投納由是官無追糧無抗糧其出盜也捐廉募兵而訓
之行保甲嚴肅家連坐之條時逾冬防無一盜發數月開邑
患既除教化漸行而公疾作由積勞勤蕡二月奉回省療
疾及秋卒於公館在光緒二十年甲午七月二十七日年六十
作一昧心事未嘗為子孫計作宦囊一錢家人日予生平未嘗
所施在家未建祠祀所親未修族譜未設族中義倉義學汝等

公憤察塾案隨訊讞結不輕鬮留邑屢脫科名公捐廉惠士加
書院膏火舉實興禮是科邑義倉義葬樓流所
履邑輪月較水簀公先捐源公先捐士民跪送數十里途易之塞遠後
回粵東勸辦山東賑捐源公先捐士民跪送數十里途易之塞遠後
祀之明志書院年五十九大府奏補授萊陽縣知縣赴任省
其簿政二年以交代去任士豪無忌公察知土豪大王執治之刁
舉人詳禮之其政捐廉其政其愧與乙酉同其清則絕封邱令
為癸巳鄉試同考官去任日士民跪送以從水時二年調
陳公伯平專祠公再調廉士豪大王執治之刁
謝來見亦乙酉已然其銜文之識皆無失也時稱為廉官之最

在家其彌予所憾乎公處己恆儉服外無羙衣性孝友每歲
時除夕思亡親及亡兄輒立下咸豐甲寅租被兵燹奉大宗
審建復倡助小宗蒸嘗凡親友冠婚喪葬告急者當在微時嘗
衣應之既得穀䘵戚黨多賴以舉火其為勤賑差同籍時適公
典衣鄉與其鄰土華鄉久訟將械鬭公言於李邑令曰久訟之
小洲鄉與其鄰土華鄉久訟今於官涌水也李邑令曰小洲水
由此取鄉泥今致其涌小洲水也志小洲水
合於白鵝潭是官涌也在官涌取泥非田泥也今久訟不判勢
成械鬭豈不為兩鄉十萬生靈惜乎邑令得公說判之兩鄉
農復業者皆平其宰沂水時邑鄰青鴕寺外有二櫬遺於路
則保定府通判連平州顏某及其配也欲回粵東遇流寇扶櫬
者逃逻遗之於今多年公念顏君同鄉也亦同寅使人回籍訪

之得遺孤培塽遂歸其觀費踰千金皆自與之無吝也

謹按禮曰公館復私館不復明復者卒於
公館也猶卒於官也故喪歸則入城治喪
如倒也

又按雪直甲反糞與齏同䊚猶革也丈爾
反竣七倫反事畢也減從讀從去聲謂從
人行部本漢書公羊傳云以王事辭家事
王事卽國事也

南橋系十八世正卿公　族教父緝甫公附

公諱富緵字正卿如香公雲孫國寶公嗣子也本生父緝侯公
乃嬌長國寶公庶妾曾租王母莊表節孝王父廷光公以遺孤

尋緝顏氏大同譜　卷二

参考文献

（一）地方志、族谱、笔记、碑刻

（明）黄佐、邓迁等纂修：嘉靖《香山县志》，明嘉靖二十七年（1548年）刻本。

（明）郭棐、戴耀、陈大科等纂修：万历《广东通志》，明万历三十年（1602年）刻本。

（清）阮元、陈昌齐等纂修：道光《广东通志》，道光二年（1822年）刻本。

（清）梁鼎芬、丁仁长、吴道镕等纂修：宣统《番禺县续志》，上海书店影印本，2003。

海珠区地方志编纂委员会：《海珠区志》第二章，广东人民出版社，2000。

《新滘》编写组编《新滘》，暨南大学出版社，2002。

天河区地方志编纂委员会办公室编《车陂村志》，中华书局，2003。

简宾侯等编《粤东简姓大同谱》，民国17年（1928年）刻本。

（宋）周去非：《岭外代答》卷三，四库全书本。

（清）屈大均：《广东新语》，中华书局，1997。

邬庆时：《番禺末业志》卷四，铅印本，1929。

简华矩：《简文昭传》，稿本，时间不详。

《重修本庙碑记》，碑存于小洲村玉虚宫内。

《重修天后庙碑记》，碑存于小洲天后庙内。

禁械斗碑，碑存于土华村内。

（二）报纸、杂志、调查报告、文史资料

《申报》

香港《华字日报》

《政府公报》

《广东日报》

《广州民国日报》

《番禺县政公报》

《番禺县政纪要》

《农事月刊》

《勤勤大学季刊》

《穗郊侨讯》

国立东南大学教育科乡村教育及生活研究所编印《番禺河南岛五十七乡村调查报告》，《东南大学教育科丛书》，1925。

《番禺增城东莞中山糖业调查报告书》，国立广东大学农科学院刊行，1925。

陈翰笙：《广东的农村生产关系与农村生产力》，中山文化教育馆，1934。

中国人民政治协商会议广东省广州市委员会文史资料研究委员

会编《广州文史资料 第七辑》，广东人民出版社，1963。

中国人民政治协商会议广东省广州市委员会文史资料研究委员会编《广州文史资料专辑 广州近百年教育史料》，广东人民出版社，1983。

广州市白云区政协文史资料研究委员会编《白云文史 第2辑》，广州市白云区政协文史资料研究委员会，1987。

中国人民政治协商会议广州市芳村区委员会文史资料委员会编《芳村文史 第5辑》，广州市芳村区政协文史资料委员会，1994。

李齐念主编，彭颂涛副主编，广州市政协学习和文史资料委员会编《广州文史 第60辑 曙光耀羊城 建国初期史料专辑（下）》，广东人民出版社，2002。

广州市番禺区政协文史资料委员会编《番禺文史资料 第17期 番禺民间艺术集锦》，广州市番禺区政协文史资料委员会，2004。

李齐念主编，广州市政协学习和文史资料委员会编《广州文史 第64辑 南华烽火——纪念抗日战争胜利60周年专辑》，广州出版社，2006。

（三）档案

《关于郊区果树、蔬菜、塘田入社情况的报告》（1955年6月24日），广东省档案馆藏，217-1-465-57~59。

《广州市郊区人民公社章程（初稿）》（1958年8月23日），广东省档案馆藏，217-1-419-67~73。

《广州市郊区1959年国家对公社投资的使用情况报告》（1959年11月24日），广东省档案馆藏，217-1-465-60~63。

《1960年跨1961年广州市郊区及化县、雷北县橙子收购价格

方案》（1960 年 1 月 16 日），广东省档案馆藏，296 - 1 - 161 -
69～74。

《受全国表扬、奖励的先进儿童工作集体登记表——新滘公社
小洲大队幼儿园登记表》（1960 年 5 月），广东省档案馆藏，233 -
2 - 207 - 56～61。

《1960 年广东省全国三八红旗集体、三八红旗文教、卫生、技
术——小洲农业生产大队幼儿园登记表》（1960 年 2 月 12 日），广
东省档案馆藏，233 - 2 - 181 - 24～26。

《我区当前农贸市场价格情况》（1963 年 4 月 9 日），广东省档
案馆藏，222 - 2 - 337 - 103～106。

《广州市郊区（县）基层供销社基本情况》（1973 年），广东
省档案馆藏，296 - A1.3 - 23 - 81。

（四）当代论著

中山大学经济地理专业三年级人民公社研究小组：《新滘人民
公社生产综合体的特征及其发展趋势》，《中山大学学报（自然科
学版）》1962 年第 2 期。

梁志伟：《广州市海珠区万亩果园的保护与发展》，《中山大学
学报论丛》2004 年第 24 卷第 3 期。

邱捷：《晚清广东的"公局"——士绅控制乡村基层社会的权
力机构》，《中山大学学报》（社会科学版）2005 年第 4 期。

吴建新：《试析近代工业和近代农业的关系——以近代广东的
蔗糖业为例》，《华南农业大学学报》（社会科学版）2005 年第
1 期。

吴莆田：《华南古村落系列之十六——小洲村》，《开放时代》

2005 年第 1 期。

许松辉：《"园中村"改造与发展探索——以广州市小洲村为例》，《规划师》2007 年第 6 期。

何文平：《从绿林首领到市长——清末民初革命中的李福林》，《近代史研究》2011 年第 6 期。

熊文渊：《抗战前的广东省立民众教育馆》，《海峡教育研究》2014 年第 3 期。

中国社会科学院近代史研究所中华民国史研究室编《中华民国史 人物传 第三卷》，中华书局，1981。

张宪文、方庆秋等主编《中华民国史大辞典》，江苏古籍出版社，2001。

张建明：《广州城中村研究》，广东人民出版社，2003。

沙文钟：《小洲村史》，广州出版社，2004。

冯自由：《革命逸史》（上册），新星出版社，2009。

朱光文：《名乡坑头：历史、社会与文化》，岭南美术出版社，2013。

《瀛洲》画册编辑组：《瀛洲》，2006（未刊稿）。

《香港简氏宗亲会 60 周年纪念册》，2014（未刊稿）。

余平：《广州市海珠湿地果园景观改造研究》，仲恺农业工程学院硕士学位论文（未刊稿），2014。

海珠区华洲街道办编辑《小洲概述》，时间不详，未刊稿。

（五）网站资料

《小洲村 2014 年端午节看龙舟赛全攻略》，广州本地宝 App，http：//gz. bendibao. com/tour/2014528/ly160705. shtml。

张建林：《小洲村 龙舟"探亲"村民"趁景"》，http：//informationtimes. dayoo. com/html/2014-05/31/content_ 2646953. htm。

梁志钦：《小洲艺术区董事长王齐坚持"走群众路线"——我们致力于发掘更多优秀年轻艺术家》，http：//huanan. artron. net/20140303/n573912_ 2. html。

《文化混搭的千年岭南水乡 畅游文艺小洲村》，http：//travel. sina. com. cn/news/2014-11-06/0934283858. shtml。

《番禺姚氏先贤立目和列传》，http：//blog. sina. com. cn/s/blog_6c1c123 a0100t6ut. html。

《改革开放三十年纪事》，http：//www. gzzxws. gov. cn/gxsl/zts/ggkfssn/200905/t20090522_ 12299. htm。

《海珠区志（1840-1990）》，广东省情数据库，http：//www. gd-info. gov. cn/books/dtree/showbook. jsp？ stype = v&paths = 16492&siteid = hzq&sitename。

后 记

本书稿的完成，离不开许多人的帮助与支持。

2014 年 9 月 18 日，我们与广州市海珠区华洲街道办签订合作协议，启动小洲村历史文化研究项目。2016 年 10 月 24 日，经过评审会评审，项目结题。我们首先需要感谢的是海珠区政府以及华洲街道办的领导。本研究能顺利开展，得到了广州市海珠区华洲街道办委托课题项目"小洲村历史文化研究"的资助。海珠区各级政府对地方文化保育的重视，让我们这些从事历史文化研究的读书人深深感受到了地方政府在治理社会方面的尝试与努力。

其次需要感谢的是每一个帮助过我们的小洲乡亲。他们怀着小洲人最淳朴的情感，为我们提供史料，解答疑惑，协调关系，为我们的田野调查提供了一切便利的条件。如果没有他们的热心，本书是绝对不可能完成的。他们是简树坤、简智佳、简建伟、简卫森……以及许许多多帮助过我们、我们却叫不出其名字的小洲人。

再次，还需要感谢许多热心参与本项目的同学。他们主要来自广东财经大学社会学系。这些同学有钟洽锋、张海因、梁静文、林东燕、万莉莉、罗维、姚建明、徐婉仪、陈秋燕、曾少芮，李倩烨、黄素、雷雨晴、范毅俊、庞世德、周颖琴、黄祎、陈佩慧、蔡柳丹、张小娟等。此外，参与调查的还有中山大学人类学的硕士研究生林绮纯、周易，南京大学硕士研究生陈艳瑜。这些同学放弃了大量节假日的休息时间，在小洲村展开地毯式的调查，搜集到了许多具有珍贵学术价值的文献及口述资料。这些同学在田野调查中，表现出良好的学术素养与勤奋的工作态度。正是他们的努力，使本项目顺利完成。

最后，要感谢广东财经大学的许多领导与同事。正是在王华校长、王廷惠副校长的关心与帮助下，华南商业史研究中心团队才得以组建并逐步成长。于海峰校长尽管工作繁忙，但一直关心本项目的进度。尤其需要感谢的是科研处的陈红丽副处长。尽管人类学、历史学在广东财经大学并非主流学科，但陈红丽副处长在创造宽松的学术环境方面的努力，使我们可以安心专注于学术研究。在本书写作的过程中，社会学系副主任蔡静诚博士为写作团队成员承担了大量的行政杂事，使研究团队得以专心从事研究、写作。对于蔡老师的帮助，我们深表感谢！

另外，还需要感谢的是我们的老师与学友！刘志伟教授、科大卫教授、陈春声教授及程美宝教授关于广东历史的开拓性与前沿性研究，使我们受益无穷。老师们对我们这个年轻团队的成长给予了许多热忱的帮助！作为审稿专家，程美宝教授和广东社科院的陈贤波教授为本书提出宝贵的修改意见，在此致以深深的谢意！感谢中山大学历史学系黄国信教授和暨南大学古籍所刘正刚教授作为评审专家，对书稿给予充分肯定和支持。

尤其需要感谢中山大学历史系的陈喆副教授，正是他的牵线搭桥，促成了本研究的机缘。在研究过程中，中国社会科学院近代史研究所的李晓龙博士多次参与田野调查，提供了许多宝贵的参考意见。

2016年书稿完成后，因事蹉跎，一直未能出版。直至2023年9月，本书稿获得广州市社会科学界联合会2023～2024年度《羊城学术文库》资助出版项目立项资助。我们要深深感谢广州市炎黄文化研究会和广州市社会科学界联合会的大力资助，使得本书有机会付印！感谢海珠区委党史文献研究室罗丽斯主任和李琼丽科长一直关心书稿的出版进度。感谢海珠区华洲街道办与海珠档案馆为我们提供了大量宝贵的图片，同时感谢2021级社会工作1班的叶子楷同学帮忙处理图片。感谢社会科学文献出版社的丁凡编辑认真负责的审阅、校对工作，为本书增色不少！

因为学术水平有限，本书必然存在许多纰漏与不足。一切错误都由课题组承担，与他人无关！

小洲项目研究课题组

于珠江之畔

2024年6月30日

图书在版编目（CIP）数据

小洲故事：从岭南水乡到艺术村落 / 黄素娟，麦思杰，徐靖捷著 . --北京：社会科学文献出版社，2024. 9. --（羊城学术文库）. --ISBN 978-7-5228-4184-7

Ⅰ. K296. 55

中国国家版本馆 CIP 数据核字第 2024KE6913 号

羊城学术文库

小洲故事：从岭南水乡到艺术村落

著　　者／黄素娟　麦思杰　徐靖捷

出 版 人／冀祥德
组稿编辑／任文武
责任编辑／丁　凡
责任印制／王京美

出　　版／社会科学文献出版社·生态文明分社（010）59367143
　　　　　地址：北京市北三环中路甲 29 号院华龙大厦　邮编：100029
　　　　　网址：www. ssap. com. cn
发　　行／社会科学文献出版社（010）59367028
印　　装／三河市东方印刷有限公司

规　　格／开　本：787mm×1092mm　1/16
　　　　　印　张：13　字　数：155 千字
版　　次／2024 年 9 月第 1 版　2024 年 9 月第 1 次印刷
书　　号／ISBN 978-7-5228-4184-7
定　　价／88. 00 元

读者服务电话：4008918866